일본문학으로 보는
3·1운동

일본문학으로 보는 3·1운동

정병호

KOREA
UNIVERSITY
PRESS
고려대학교
출판문화원

이 저서는 2018학년도 고려대학교 문과대학 박준구 기금의
인문교양총서 지원을 받아 저술됨

책머리에

이 책 『일본문학으로 보는 3·1운동』은 3·1운동 100주년을 맞이하여 1919년 동시대부터 1970년대에 이르기까지 일본문학에서는 3·1운동이 어떻게 각인되고 기억되어 있는지를 살펴본 것이다.

작년 2019년도에는 3·1운동과 상하이 대한민국 임시정부 수립 100주년을 맞이하여 이를 기념하는 다채로운 행사와 더불어 다양한 분야의 학술적 논의가 이루어지고 관련 도서들이 다수 출판되었다. 이러한 논의는 역사학, 정치학, 문학, 언론학, 교육학 등 한국학의 각 분야에서 3·1운동과 그 이후의 영향에 대해 활발하게 검토가 이루어졌지만, 이 독립운동의 메아리가 향하고 있었던 당사자라 할 수 있는 일본의 반응, 특히 일본문학에서 이 독립운동을 어떻게 조명하고 묘사하였는지를 둘러싼 소개는 그다지 이루어지지 않았다. 따라서 이 책은 3·1운동 당시 식민지 지배의 직접적인 당사자인 일본의 주류 언론매체나 지식인들은 이 독립운동에 대해 어떻게 반응하고 인식하였는지를 그 출발지점으로 하여 주로 일본 문학인들이 이를 주제로 하여 창작한 작품을 통해 3·1운동의 형상화 방식과 그 기억을 되새겨 보는 데 그 목적이 있다.

3·1운동 당시 일본의 주류 언론은 식민지 조선의 거대한 울림을 왜곡하거나 조선민중의 외침을 폭력과 불법적인 것으로 가치 비하하는 경우가 많았다. 그리고 당시 일본사회에서는 다이쇼(大正) 데모크라시라 불리는 자유주의적 분위기가 고양되고 있었음에도 수많은 지식인은 이 독립운동에 무관심하거나 냉담한 경우가 결코 적지 않았다. 그러나 그러한 와중에도 한반도에서 일어난 독립운동의 요인과 의미를 객관적으로 파악하여 식민지통치의 문제점을 지적하거나 조선인들의 움직임에 공감을 표하며 일본과 조선총독부 당국자를 비판하는, 이른바 민본주의자들의 움직임도 나타나게 된다. 비록 소수의 제한된 움직임이기는 하였지만 몇몇 문학작품에서도 3·1운동과 조선인의 저항운동에 긍정적으로 접근하려는 작품들이 동시대부터 간헐적으로 창작되기도 하였다.

2010년대부터 악화일로를 걷던 한일관계는 2019년에 들어와 급기야 일본의 무역보복이라는 사태로까지 이어졌다. 이러한 사태는 모두 일제강점기에 있었던 역사적 사건에 대한 인식의 차이에 기인하고 있다. 더구나 일본은 2000년대 이후 보수우파에 의한 역사수정주의가 일본사회에 전면적으로 등장하면서 20세기 전반기에 있었던 한일의 역사적 관계와 그 기억에 대해 개변을 가하고 있다. 이러한 상황 속에서 일제강점기에 있었던 역사적 사건에 대한 문학서사의 기억은 중요하며, 이러한 의미에서 이 책은 당시 일본 문학자의 문학서사와 지식인들의 글을 통해 3·1운동의 역사적 의미를 되살리려고 하였다.

이 책은 서장과 6장으로 구성되어 있다. 1장에서는 3·1운동의 배경과 영향, 그리고 일본과 조선총독부의 탄압과 일본 주류언론의 반응에 대해 살펴보았다. 2장은 3·1운동에 대해 불법적이고 폭력적인 이미지만 강조하려는 당시 통치자와 주류 언론에 대해 이의를 제기하고 3·1운동의 의의를 밝힌 지식인의 발언을 조명하였다. 3장은 일본문학자들이 3·1운동을 어떻게 형상화하고 조명하고 있는지를 살펴보았으며, 4장은 3·1운동 중에서도 탄압의 잔학성으로 인해 국제적으로 크게 문제가 되었던 제암리 학살사건을 형상화한 일본문학을 검토하였다. 5장은 3·1운동을 직접 목도하였던 당시 한반도에 거주하던 일본인, 즉 재조일본인들이 3·1운동에 대해 어떻게 반응하고 인식했는지를 살펴보고 재조일본인들이 간행하던 일본어 잡지에 실린 3·1운동과 강우규 의사 폭탄투척사건 관련 작품을 각각 검토하였다. 6장은 3·1운동 이후 조선인의 저항운동이 지속되는 가운데 당시 일본의 주류언론에 의해 새롭게 형상화된 폭력적이고 불온한 조선인상의 형성과정을 검토하고 이 연장선상에서 자행된 간토대지진 당시 조선인 학살 사건을 테마로 한 문학작품을 살펴보았다.

이 책은 문과대학 교우이신 박준구 회장께서 인문학의 융합교육과 교양총서에 관심을 가지고 조성한 고려대학교 문과대학 박준구기금의 지원을 받아 집필한 것이다. 문과대학의 부학장의 직무를 담당하면서 이 기금 관련 업무를 담당하였던 필자로서 박준구 회장님께 특별히 감사의 말씀을 드리는 바이다. 나아가 이 지면을 빌려 이러한 일을 기획하고 이끌어주신 문과대학 전현임 학장님들, 특히 올 2월 말로 정년을 맞이하는 이재훈 전학장님은 물론 이 당시 문과대학에서 대학인문역량강화사업을 함께 했던 선생님들께도 각별한 감사의 인사를 전하고 싶다.

마지막으로 이 책의 출판을 맡아주신 고려대학교출판문화원과 꼼꼼한 편집을 담당하신 이무희 선생님께도 감사의 말을 드리는 바이다.

2020. 2

정병호

차례

서장

3·1독립운동과 일본문학

'3·1독립운동' 100주년을 맞이하여 1919년 3월 1일부터 수개월에 걸쳐 전국 방방곡곡에서 모든 계층의 조선인들이 참여하였던 이 만세시위 운동을 새롭게 조명하려는 움직임이 활발하게 일어나고 있다. 더구나 2019년은 이 3·1운동의 최대 성과 중 하나인 상해 대한민국임시정부 수립 100주년에 해당하기도 하는데, 이에 독립운동에 헌신한 운동가를 새로 발굴하고 그들을 기리고자 하는 행사도 활발하게 이루어지고 있다.

한반도가 일본의 식민지 지배를 받은 35년간, 3·1운동은 정치사적 측면뿐만 아니라 사회문화적으로도 가장 큰 변화를 낳은 일대 전환을 가져왔다. 무엇보다도 3·1운동으로 결집한 국내외의 독립운동 세력이 상해 프랑스 조계지에 대한민국임시정부를 수립하였으며, 국내외에서 다양한 형태의 대일 저항세력이 조직화되어 무장투쟁이 활발해졌다. 그리고 한반도 내에서는 조선총독부의 통치 방식이 헌병경찰제에 기초한 '무단통치'에서 '문화통치'로 전환하였다. 이로 인해 한글 신문들이 새롭게 창간되었으며, 조선인들의 교육 기회 확대와 더불어 국내에서 활발한 실력양성 운동이 전개된다.

이러한 문화통치에 대해 우리민족을 분열시키고 단결을 억제하여 전 민족 규모의 독립운동을 차단하려는 교묘한 식민지 통치방식이라는 해석이 이루어지고 있는 것도 사실이다. 하지만 이러한 변화조차도 일본이나 조선총독부에 의해 그냥 주어진 것이 아니라 3·1운동이라는 격렬한 민족운동을 통해 얻어낸 성과임은 분명해 보인다. 더구나 그동안 조선인에 대해 노골적인 차별과 멸시를 하던 분위기가 시정되고 조선의 전통이나 문화예술을 무시만 하던 태도에도 어느 정도 변화를 가져온 것도 이 운동의 성과라 하지 않을 수 없다. 무엇보다도 중국의 5·4운동 등 해외의 약소민족의 독립운동에도 영향을 끼치고, 한민족의 독립에 대한 의지를 전 세계에 보여준 것은 국제적으로도 커다란 의의가 있는 사건이었다.

그렇다고 한다면 3·1운동의 직접적인 당사자국이었던 일본은 어떻게 반응하였을까? 일본의 언론매체나 지식인은 조선인들의 독립운동에 대해 어떻게 인식하였으며 반응하였을까? 특히 일본의 문학자들은 3·1운동을 어떻게 형상화하고 기억하였을까? 이러한 물음이 이 책의 출발지점이다. 이 책은 3·1운동 당시 직접적인 당사자인 일본의 주류 언론매체나 지식인들은 조선의 독립운동에 대해 어떻게 반응하고 인식하였는지를 출발 지점으로 하고 주로 일본문학자들이 이를 주제로 하여 창작한 작품을 통해 3·1운동의 기억을 되새겨 보는 데 그 목적이 있다. 지금까지 역사학, 정치학, 교육학, 문학, 언론학 등 한국학의 각 분야에서 3·1운동과 그 전후의 변화 양상에 대한 연구와 저술이 활발하게 이루어졌지만 실제 3·1운동이 향하고 있었던 당사자라 할 수 있는 일본의 반응, 특히 일본문학에서 이를 어떻게 조명하였는지에 대한 소개는 그다지 이루어지지 않았다.

이러한 사실을 알아보기 위해 이 책은 단지 3·1운동 당시뿐만 아니라, 그 후에 조선인들이 국내외에서 지속하였던 대일 저항, 조선인들이 일본으로 대거 이주하고 1923년 간토대지진 당시 조선인 학살 사

[그림 1] 종로 거리의 3·1독립운동

건이 일어나는 시기까지를 단일한 틀로서 보고자 한다. 왜냐하면 메이지(明治)유신 이후 근대 일본은 문명과 야만이라는 문명론에 입각하여 조선과 조선인에 대해 다양한 부정적인 형상을 만들어 왔지만, 3·1운동과 그 이후 임시정부가 만들어지고 활발한 저항운동이 일어나던 시기에 일본 통치자와 주류 언론은 조선인에 대해 불법적이고 폭력적인 새로운 이미지를 만들어 유포하였다. 이는 조선인의 불온하고 폭력적인 이미지를 강조함으로써 3·1운동 이후 조선인의 민족운동에 대한 폭력적 탄압과 일련의 학살을 합리화하고 이를 은폐하기 위함이었다. 그리고 '불령선인(不逞鮮人)'으로 대표되는 이러한 이미지 유포와 유통은 1923년 조선인 학살 사건이라는 비극적 결과로 돌아왔다.

3·1운동이 일어났던 시기는 일본에서도 '다이쇼 데모크라시'라고 불린 매우 민본주의적인 정치사상과 자유로운 사회 분위기가 고양되

던 시기였다. 일본정계에서는 평민 출신 재상이라 불리는 하라 다카시(原敬) 수상이 내각을 이끌던 시기(1918. 9.~1921. 11.)도 바로 이 기간에 해당한다. 군비축소를 주장하고 국제평화를 호소하며, 보통선거 실시와 정당내각 설립, 노동운동과 언론자유운동이 매우 활발하게 전개되던 시기였다. 이러한 시기였음에도 불구하고 일본의 주류 언론들은 한반도의 3·1운동에 대해서는 냉담하였으며 많은 지식인들은 조선의 독립문제에 대해 침묵하였다. 그 반면에 3·1운동을 비롯하여 조선인학살에 이르기까지 식민지 조선이나 조선인학살 문제에 대해서는 언론 검열이 혹독하게 이루어지고, 이와 관련한 비판을 제기하면 항상 당국으로부터 유무형의 압박과 비난을 감수하지 않으면 안 되었다. 그리고 평론은 물론 심지어 문학적 작품으로 활자화하여 표현할 때에도 '×××××'나 '○○○○○' 등의 복자(伏字) 형태로 처리되는 경우가 많았다.

이 책은 크게 6개의 장으로 이루어져 있다. 먼저 1장에서는 3·1운동이 일어난 국내외 배경과 3·1운동이 국내외에 끼친 영향, 그리고 일본정부와 조선총독부의 탄압과정, 일본 주류언론의 반응에 대해 살펴보았다. 2장은 3·1운동을 불법적이고 폭력적인 이미지만 강조하려고 하는 당시 통치자와 주류 언론에 대해 이의를 제기하고 3·1운동의 의의와 식민지 조선 문제의 해결을 위해 무엇이 필요한지를 역설한 지식인의 발언을 조명하고자 하였다. 도쿄제국대학 교수이자 민본주의자의 기수인 요시노 사쿠조(吉野作造)와 전후에 수상까지 역임하였던 경제지 언론인 이시바시 단잔(石橋湛山), 일본 민예(民藝)운동의 아버지이자 조선의 전통공예에 다대한 관심을 가지고 있었던 미학자 야나기 무네요시(柳宗悦)가 이에 해당한다.

3장은 일본문학자들이 3·1운동을 어떻게 형상화하고 조명하고 있는지를 살펴보았다. 6살의 나이로 식민지 조선에서 직접 경험한 3·1운동의 기억을 시로 노래한 아키노 사치코(秋野さち子)의 「버드나무처럼 흔들리는 손(楊柳のようにゆれた手)」, 1910년대에 평양일일신문의 기자로 평양에 머물며 식민지 통치의 문제를 몸소 경험한 나카니시 이노스케(中西伊之助)의 「불령선인(不逞鮮人)」, 진주에서 태어나 안동과 대구에서 어린 시절과 청소년기를 보낸 식민자 2세 작가인 고바야시 마사루(小林勝)의 「조선·메이지 52년(朝鮮・明治五二年)」, 조선 여인들의 동학농민운동과 3·1운동의 경험을 그린 스미 게이코(角圭子)의 『조선의 여인(朝鮮の女)』이라는 작품을 검토하기로 한다. 4장은 3,1운동 중 탄압의 잔학성으로 인해 국제적으로도 크게 문제가 되었던 제암리 학살사건을 형상화한 일본문학을 검토하였다. 일본 기독교계 언론매체인 『복음신보』에 실린 사이토 다케시(斎藤勇)의 「어느 살육사건(或る殺戮事件)」을 비롯한 두 편의 시(詩), 어린 아이의 시선으로 제암리 학살사건을 바라본 유아사 가쓰에(湯浅克衛)의 『간난이(カンナニ)』, 가해자 아들의 시선으로 제암리 학살사건을 알아가는 가지야마 도시유키(梶山季之)의 『이조잔영(李朝殘影)』이 이에 해당한다.

5장은 3·1운동을 직접 목도하였던 당시 한반도에 거주하던 일본인, 즉 재조일본인들이 3·1운동에 대해 어떻게 반응하고 인식했는지를 살펴보고 그들이 간행하고 있었던 일본어 종합잡지에 실린 세 작품을 검토하기로 한다. 또한 3·1운동의 연장선상에서 강우규 의사의 사이토 마코토(齋藤實) 총독 폭탄 투척사건을 소재로 한 작품 3개도 함께 살펴

보고자 한다. 6장은 3·1운동이후 조선인의 저항운동이 지속되는 가운데 당시 일본의 주류언론에 의해 새롭게 형상화된 폭력적이고 불온한 조선인상의 형성과정을 검토하고 이 연장선상에서 간토대지진 당시 조선인 학살 사건을 살펴보았다. 그리고 이 조선인 학살 사건을 그린 도쿠타 슈세이(徳田秋声)의 「파이어건(ファイヤガン)」, 에구치 칸(江口渙)의 「차 안에서 생긴 일(車中の出来事), 아키타 우자쿠(秋田雨雀)의 「해골의 무도(骸骨の舞跳)」라는 작품을 통해 당시 일본 사회의 조선인 혐오와 조선인학살사건이 문학작품에 어떻게 투영되어 있는지를 검토하였다.

이 책에서는 몇몇 일본 지식인들의 3·1운동 옹호론과 3·1운동이나 조선인의 저항을 형상화한 소설들을 가능하면 긍정적 시선으로 바라보려고 하였다. 이는 일제강점기와 같은 혹독한 시대에도 일본정부나 조선총독부를 비판하고 조선인들을 긍정적으로 형상화한 양심적인 지식인과 작가가 있었다는 식의 미담을 만들기 위해서가 아니다. 2000년대 일본에서는 가해만을 강조하는 일본의 과거 역사를 다시 써야 한다는 보수우파들의 역사수정주의가 등장한 이후, 한일강제병합, 전범재판, 위안부문제, 영토문제 등 우리에게 잘 알려진 굵직한 역사문제에 그치지 않고 구체적인 과거 사건에 대해서도 역사적 개변을 가하고 있다. 이 책을 구성하고 있는 한 영역이기도 한 '조선인 학살 사건'에 관해서만 보아도 보수우파의 최대조직인 '일본회의' 출신 고이케 유리코(小池百合子) 현 도쿄도지사는 지금까지 조선인 학살자 추도식에 보내오던 추도문을 연이어 거부하고 있는데, 이는 일본 보수우익의 역사수정주의 작업과 연계된 행동이다. 예를 들면, 2009년 논픽션 작가인 구도 미요코(工藤美代子)는 『간토(関東)대지진 「조선인학살」의 진실』(産経新

聞出版, 2009)이라는 책을 간행하였는데, 이 책은 다시 논픽션 작가인 남편 가토 야스오(加藤康男)의 이름으로 『간토대지진 「조선인학살」은 없었다!』(ワック文庫, 2014)로 재출간되었다. 그런데 이들 책 제목이 시사하듯이, 이들은 그 동안 일본 중등교육 교과서에 실렸던 조선인학살 사건의 진실을 부정하고 있다.

그런데 흥미가 가는 점은 이 책에서 역사수정의 근거로서 제시한 자료가 문학적 에세이라는 점이다. 이들은 작가 아쿠타가와 류노스케(芥川龍之介)와 절친한 친구였던 기쿠치 간(菊池寛)과 간토대지진 당시 조선인학살 문제에 관해 나눈 대화를 에세이로 쓴 「대지진 잡기(大震雑記)」(『中央公論』, 1923. 10.)라는 글을 예시하면서 조선인대학살의 진상을 왜곡하려고 하였다. 이글은 아쿠타가와 류노스케는 매우 은유적인 방식으로 조선인의 폭동에 관한 유언비어가 잘못되었다고 지적하는 기쿠치 간의 생각이 매우 상식적인 판단임을 칭찬한 문학적인 기법의 글이다. 구도 미요코는 이를 자의적으로 해석하여, 이 당시 조선인들의 집단적 습격이 존재하였고 조선인 학살이 없었음을 실증하는 예로 왜곡하였다. 이러한 시도는 단지 이 사건에 한정되지 않고 3·1운동을 비롯하여 과거 역사적 사건에 대해서도 한국에서 날조된 형태의 교육이 이루어지고 있다고 비판하는 책들이 2000년대에 수없이 간행되고 이들은 '혐한서적'의 형태로 높은 판매고를 올리기도 하였다.

물론 이러한 의견은 일본 지식인들 중 일부에 한정되기는 하지만 2000년대 이후 이러한 인식이 일본 내 역사나 사회 교육에도 파급되어 과거의 교육내용과 다른 형태의 교육이 이루어지고 있다는 사실은 한국과 일본의 역사적 사실과 향후의 관계를 생각할 때에 매우 우려되는 부분이다. 따라서 이 책은 3·1운동이나 조선인의 저항, 나아가 조선인 학살 사건에 대한 당시 일부 지식인들의 비판적 발언과 이를 형상화한 문학작품을 개관함으로써 이들의 문헌을 통해 이러한 역사적 기억을 되짚어 보고 3·1운동의 의미를 재구성해 보고자 한다.

1장

3·1독립운동과 일본의 반응

> 우리는 오늘 조선이 독립한 나라이며, 조선인이 이 나라의 주인임을 선언한다. 우리는 이를 세계 모든 나라에 알려 인류가 모두 평등하다는 큰 뜻을 분명히 하고, 우리 후손이 민족 스스로 살아갈 정당한 권리를 영원히 누리게 할 것이다.
> 이 선언은 오천 년 동안 이어 온 우리 역사의 힘으로 하는 것이며, 이천만 민중의 정성을 모은 것이다. 우리 민족이 영원히 자유롭게 발전하려는 것이며, 인류가 양심에 따라 만들어가는 세계 변화의 큰 흐름에 발맞추려는 것이다. 이것은 하늘의 뜻이고 시대의 흐름이며, 전 인류가 함께 살아갈 정당한 권리에서 나온 것이다. 이 세상 어떤 것도 우리 독립을 가로막지 못한다.(3·1 독립선언서, 1919)

이 문장은 우리들이 익히 들어 잘 알고 있는 '3·1 독립선언서' 모두의 내용이다. 조선이 '독립한 나라'이며 우리가 바로 '이 나라의 주인임'을 엄중하게 선언하고 독립에 대한 요구는 '하늘의 뜻'이자 '시대의 흐름'이며 '전 인류가 함께 살아갈 정당한 권리'에서 나온 것임을 밝히고 있다. 이 독립선언서는 1919년 3월 1일 지금의 서울인 경성을 비롯하여 7개 도시에서 선언된 이래 전국 각지의 '조선독립만세'를 외치는 시위운동에서 낭독되었던 선언서이다. 이 독립선언서는 최남선이 기초하여 수정과 검토과정을 거쳤는데, '선언서'와 '공약 3장'으로 이루어졌고 천주교, 기독교, 불교 등 각계 민족대표 33인이 서명하였다.

이 3·1독립운동에 앞서서 같은 해 2월 8일에는 일본의 수도 도쿄(東京)에서 조선인 유학생들이 결집한 '2·8 독립선언'이 있었고, 그 7일 전에는 중국 구 만주 지역에서 해외의 독립운동가 대표들 39명의 이름으로 '무오(戊午) 독립선언서'가 공표되었다. 그리고 3·1운동은 독립선언서에도 언명하고 있듯이 평화적 시위형태를 취하며 한반도에서 수개월에 걸쳐 모든 계층의 국민들이 참여하여 전국 방방곡곡에서 일어나 무차별적으로 무력 탄압을 받았지만 만세시위는 전국을 강타하였다. 그리고 이 만세운동의 여파는 다시 해외로 확산하여 중국 만주 지역, 러시아 연해주지역, 그리고 미국으로 확산되어갔다.

이 장에서는 이미 널리 알려져 있기는 하지만 1919년 3·1운동을 중심으로 하여 그 전후에 이르는 민족독립운동의 큰 흐름을 개관하고 이러한 운동이 대내외적으로 어떤 반향을 불러왔는지를 살펴보고자 한다. 그리고 일본의 주요 언론을 대상으로 하여 이 만세운동의 당사자국인 일본은 어떻게 반응하였는지를 검토하여 3·1독립운동의 파장과 그 의미를 검토해 보도록 한다.

(1) 무오(戊吾) 독립선언과 2·8 독립선언, 그리고 3·1독립운동

3·1독립운동의 확산과 대한민국임시정부 수립

널리 알려진 대로 3·1독립운동은 1919년 3월 1일부터 일제강점기 한반도에서 일어난 최대의 항일 민족주의 운동이자 수개월에 걸쳐 전국 방방곡곡에 이어져 국내뿐 아니라 해외에도 다양한 형태로 큰 영향을 끼친 독립운동이었다.

기원 4252년 3월 1일은 우리나라 2천만 한국 민족이 정의·인도의 기치를 높이 들고 충과 신을 갑옷으로 삼고, 붉은 피를 포화로 대신하여 창세기 이래 미증유의 맨손 혁명으로 세계무대에서 활동한 특기할 만한 날이다. … 거사 시각이 되자 기약하지 않고 모인 학생이 이미 1천여 명이었다. 이리하여 9년 동안 그림자조차 볼 수 없었던 태극기가 한성 중앙에 돌연히 나타나 하늘 높이 펄럭이었다. 천도교인 한 사람이 몸을 날려 단상으로 올라가 독립선언서를 낭독하였다. 낭독이 채 끝나기도 전에 만세소리는 우레같이 울려 퍼지고, 자그마한 태극기와 선언서가 마치 영산회(靈山會)의 천화우(天花雨)처럼 쏟아졌다. 그러자 모인 군중들은 모자를 벗어 허공에 던지며 미친 듯이 기뻐 날뛰었다. 이때, 성중과 지방의 백성들도 합세하여 수백만의 군중이 성세를 도왔다. … 이리하여 두 갈래로 갈라져서 앞으로 나아가니, 한 갈래는 종로 보신각을 지나 남대문 쪽으로 향하고, 한 갈래는 매일신보사 옆을 거쳐 대한문을 향하였다.(박은식, 1920)

이 글은 대한민국 임시정부 2대 대통령을 역임한 독립운동가 박은식이 3·1운동을 중심으로 하여 갑신정변 이후부터 1920년 무장투쟁에 이르기까지 한국의 독립운동사를 망라한 『한국독립운동지혈사(韓國獨立運動之血史)』 중 3·1운동 관련 부분이다. 한국근대사의 고전 중 하나라 할 수 있는 이 저술에서는 위의 인용문과 같이 3월 1일 당시 독립운동의 배경과 동기, 그리고 그 경과에 대해서 상세하게 기술하고 있다.

이 운동은 처음에는 천도교, 기독교, 학생 조직이 별도로 계획을 세워 추진하였지만 천도교 쪽에서 독립운동의 대중화, 일원화, 비폭력이라는 대원칙을 마련하여 천도교, 기독교, 불교, 유림 등 각 종교단체는 물론 각 분야의 민족대표를 망라하고자 하였으며, 학생 측도 이 일원화 원칙에 호응하여 합류하기로 하였다. 그래서 천도교 15명, 기독교 16명, 불교 2명으로 민족대표 33인을 정하고 최남선이 만든 독립선언서를 검토하고 이들이 민족대표로 서명하였다.

3월 1일 정오에 태화관에 모인 민족대표들은 오후 2시에 독립선언문 낭독과 독립선언식을 거행하고 조선총독부에 연락하여 자진하여 총독부로 끌려갔으나, 탑골공원에서 오후 2시에 본격적으로 만세시위가 개시되었다. 팔각정 단상에서 한 청년이 독립선언서 낭독이 있었으며 이에 뒤이어 참여한 학생과 군중들이 대한독립만세를 외치며 모두 감격해 하면서 시위운동을 전개하였다. 박은식의 『한국독립운동지혈사』에도 기술되어 있듯이 이후 탑골공원을 빠져 나와 독립만세를 부르며 경성 시민은 물론, 고종(高宗)의 국장을 참관하기 위해 지방 각지에서 상경한 사람들을 포함해 수십만의 시민들이 경성 각 거리를 진출하여 질서정연하게 행진하며 평화적이고 비폭력적인 독립시위를 하였다. 그러나 3·1운동은 경성뿐만 아니라 3월 1일 당일만 하더라도 평양, 의주, 선천, 원산, 선천, 안주 등 여러 도시에서 수백에서 수천 명 단위로 모여 독립선언식과 독립만세 시위를 전개하였다.

한편, 이 독립만세 시위는 일부 지역에 한정하지 않고 3월 중순까지는 전국 각지 13도 방방곡곡으로 전파해 갔다. 처음에는 교통요충지 대도시를 중심으로 전개되다가 사람들이 많이 모이는 장날을 이용하여 군소 도시로까지 확대되어 갔다. 첫날인 3월 1일에는 서울을 비롯하여 경기도, 평안남도, 평안북도, 함경남도 등 7개 도시에서 만세운동이 일어났으나 3월 2일은 황해도, 3일은 충청남도, 4일은 전라북도, 8일은 경상북도 대구, 10일은 전라남도와 강원도, 그리고 함경북도에서 11일은 부산과 경상남도에서, 19일 충청북도 괴산에서 독립만세운동을 개시하여 군소 도시로까지 독립운동이 이어졌다.

이들 만세시위 운동이 가장 번창하게 이루어졌던 시기는 지역별로 차이가 있지만 3월에서 4월 초순까지인데 이 기간 동안 매일 수십 회에 걸쳐 시위운동이 지속되다가 탄압과 무력진압에 의해 4월 중순부터 약화되었지만, 적어도 3월부터 5월까지는 적국 각지에서 운동이 이루어졌다. 앞에서도 지적했듯이 이 만세독립운동은 평화적이고 비폭력적 방법으로 이루어졌으나 한반도 내에 주둔하였던 일본의 경찰과 헌병, 그리고 정규 군대까지 투입하여 무력진압이 무자비하게 이루어지면서 이 시위운동의 절정기인 3월 말부터는 일제의 무력탄압에 대응하면서 무력으로 충돌하는 양상을 보이기도 하였다.

3·1운동은 이러한 열악한 환경 속에서도 만세시위 운동과 야간에 산 위에서 봉화를 올리는 만세운동 등을 통해 지속적으로 확산되었고 전국 222개 부(府)와 군(郡) 대부분 지역에서 200만 명 이상의 인원이 참여하여 2,000회 이상에 걸쳐 전개되었다. 또한, 참여한 사람들도 특정 계층에 한정되지 않고, 각 종파의 종교인, 교사, 학생들은 물론이고 농민과 어민들도 참여하였고, 노동자들은 동맹 파업을 하는 형태로, 상인들은 상가 문을 닫거나 철시하는 형태로 이 운동에 참가하였으며, 심지어는 어린이나 기생, 한국인 관리까지 참여하였다. 이런 의미에서 3·1독립운동은 13도 전국에 걸쳐 모든 계층의 사람들이 들고 일어난 평화적 독립운동이었다고 할 수 있다. 이 만세시위 운동에서 처음부터

평화시위와 질서를 의식하였다는 점은 독립선언서 '공약 3장'에 들어 있는 다음의 내용을 보더라도 분명히 드러나 있다.

> 하나, 오늘 우리의 독립선언은 정의, 인도, 생존, 존영을 위한 민족의 요구이니, 오직 자유로운 정신을 드날릴 것이요, 결코 배타적 감정으로 함부로 행동하지 말라.
> 하나, 마지막 한 사람까지, 마지막 한 순간까지, 민족의 정당한 뜻을 마음껏 드러내라.
> 하나, 모든 행동은 질서를 존중하여 우리의 주장과 태도를 떳떳하고 정당하게 하라.

여기에서 "배타적 감정으로 함부로 행동하지 말라"거나 "모든 행동은 질서를 존중하라"라는 문구에서 3·1독립운동이 얼마나 질서를 지키고 평화적인 방법의 운동을 의식하고 있었는지를 잘 알 수 있다. 한편 일제강점기 최대의 독립운동인 3·1운동의 성과는 상해에 임시정부 수립이라는 결실을 낳기에 이른다. 즉 3·1운동이 전개되는 과정에서 국내외 독립운동의 모든 역량을 결집하여 3·1운동의 취지인 자주독립 정신에 기초해 드디어 상해의 프랑스 조계지역에 대한민국 임시정부가 수립되었다. 처음에는 국내의 한성정부, 러시아 블라디보스톡의 대한국민의회 정부, 상해 임시정부 등 세 가지 방향에서 우리 민족을 대표할 수 있는 정부를 각각 구성하였다. 하지만, 한 민족을 대표하는 정부가 여러 개 존재할 수 없을 뿐만 아니라 이는 독립운동의 결실과 역량을 분산시키는 일이었기 때문에, 각각의 정부는 곧바로 통합 작업에

[그림 2] 상해 대한민국 임시정부 구청사

들어갔다.

그래서 임시헌법을 새롭게 개정하여 이 헌법이 9월 6일 입법부인 의정원을 통과하였으며 통합 정부의 대통령으로 이승만을 선출하였다. 그리하여 의정원, 국무원, 법원 등 3권 분립에 기초하여 "대한민국의 주권은 대한인민 전체"에 있음을 분명히 한 민주공화제 '대한민국 임시정부'가 공식적으로 수립하게 되었다. 이 임시정부는 58조의 헌법을 가지고 주권과 영토를 분명히 정하고 이에 기반한 한민족을 대표하는 정부로서 출범하였다. 이는 비록 임시정부 형태라 하더라도 한반도를 대표하는 헌법과 정부가 만들어졌다는 의미에서 3·1운동의 커다란 결실이자 성과라 하지 않을 수 없다.

2·8 독립선언과 무오독립선언

3·1독립운동에 지대한 영향을 끼친 2·8 독립선언은 도쿄의 조선인

유학생들이 '조선청년독립단'을 만들어 1919년 2월 8일 도쿄 YMCA 회관에서 거행되었으며, 2·8 독립선언문은 독립선언서와 4개조의 결의문으로 이루어져 있다.

> 吾族은 久遠히 高等한 文化를 有하얏고 半萬年間 國家生活의 經驗을 有한 者이다. 비록 多年 專制政治의 害毒과 境遇의 不幸이 吾族의 今日을 致하얏다 하더라도 正義와 自由를 基礎로 한 民主主義의 上에 先進國의 範을 隨하야 新國家를 建設한 後에는 建國以來 文化와 正義와 平和를 愛護하는 吾族은 반다시 世界의 平和와 人類의 文化에 貢獻함이 有할지라.
> 玆에 吾族은 日本이나 혹은 世界各國이 吾族의게 民族自決의 機會를 與하기를 要求하며 萬一 不然하면 吾族은 生存을 위하야 自由行動을 取하야써 吾族의 獨立을 期成하기를 宣言하노라.(2·8 독립선언서)

위의 문장은 '2·8독립선언서'의 끝부분에 해당하는 문장인데, 이 독립선언서는 네 개의 결의문을 채택하였다. 첫째 일본의 한국 강제 병합은 우리민족의 자유의사에 반하며 우리 민족의 발전을 저해하고 동양의 평화를 교란하는 것이므로 독립을 주장하며, 둘째, 일본의회와 정부에 조선민족대회를 소집하여 우리 민족의 운명을 결정할 기회를 요구하고, 셋째, 파리의 '만국강화회의'가 우리민족에게도 민족자결주의를 적용하기를 청구하며, 넷째, 이러한 요구가 받아들여지지 않는다면 우리 민족은 일본에 대하여 영원히 혈전(血戰)을 하지 않을 수 없다는 선언이었다.

당시 일본의 조선인 유학생들은 여러 개의 종교단체나 친목단체를 결성하고 토론회를 개최하면서 민족의식을 함양하고자 하였다. 특히 1910년대 일본에서 다이쇼(大正) 데모크라시라고 불리는 민본주의 사상이 크게 대두하였는데 이러한 사상과 더불어 제1차 세계대전의 종결을 맞이하여 제기된 민족자결주의의 영향을 받아 조선인 유학생들은 이 기회를 통해 항일독립의 전기를 마련하고자 하였다. 이러한 움직임 속에서 유학생 단체 중 가장 규모가 컸던 '조선유학생학우회' 주최로 1919년 1월 6일 도쿄의 기독교청년회관에서 웅변대회를 개최하였는데 윤창석과 서춘을 비롯하여 총 8명의 연사가 국제 정세상 지금이 독립의 적기이며 자주독립운동을 전개해야 한다는 취지로 연설을 하였고 이 대회에서 바로 독립운동 실행에 착수하기로 결의하고 10명을 실행위원으로 선임하였다.

[그림 3] 도쿄의 2·8 독립선언 기념비

한편, 이들 유학생들은 중국 베이징의 '신한청년단(新韓青年團)' 소속인 이광수, 조소앙과 접촉하여 중국 내에서도 독립운동 계획이 진행되고 있음을 알고 이에 호응하여 적극적으로 독립선언문을 발표하기로 하였다. 최팔용은 운동자금 모집을 담당하였으며 백관수는 독립선언서 작성을 책임지고 이를 이광수에게 초안 작성을 의뢰하였다. 1월 말에는 독립선언문 한글 인쇄활자와 자금 마련을 위해 송계백을 국내로 파견하였다. 그래서 민족대회소집청원서, 독립선언서와 결의문을 국문, 일문, 영문으로 각각 인쇄하여 2월 8일 오전에 일본 정부, 국회의원, 도쿄의 외국대사관과 공사관, 조선총독, 각 신문사 및 학자들에게 이를 발송하고, 오후 2시에 기독교청년회관 1층 강당에 모여 유학생 400명 앞에서 독립선언식을 거행하였다. 독립선언서와 결의문 낭독후 시위운동을 전개하고자 하였으나 일본 경찰의 난입으로 시위운동으로는 이어지지는 못하였다. 상하이로 이미 돌아가 버린 이광수를 제외하고 이 독립선언을 주도한 10명의 집행위원과 주동 학생들이 체포되었다.

한편 '조선청년독립단'의 주요한 멤버가 체포되어 버린 상황이었지만, 2월 12일 히비야공원(日比谷公園)에 100여 명의 학생들이 모여 이달을 회장으로 추대하고 재차 독립선언서를 발표하려고 했으나 이달 등 13명이 체포되고 해산당하였다. 그런 와중에서도 23일과 24일 히비야공원에서 다시 조선청년독립단 민족대회 소집 취지서를 배포하고 낭독하는 집회를 개최하였다. 도쿄의 조선인 유학생들은 중국의 신한청년단의 독립운동 움직임과 미주지역에서 일어나고 있는 독립운동의 동향에 관한 정보 입수를 통해 각 지역에서 우리 민족의 독립운동 기운이 고양되고 있음을 포착하였으며, 국내의 현상윤, 최린, 송진우와 연계를 가지고 독립운동에 관한 결의를 전하기도 하였다. 이 독립선언은 도쿄에서 유학하는 학생들에 의해 조직되고 전개된 독립선언으로서 3·1독립운동을 일으킨 직접적 계기가 되었을 정도로 커다란 의의를 가지고 있다.

그러나 이 2·8 독립선언이 3·1운동을 촉발한 유일한 독립선언문은 아니다. 이보다 7일 앞선 2월 1일 구 만주 지역을 중심으로 하여 중국과 러시아, 미주지역의 민족대표 39명의 이름으로 이른바 '무오(戊午) 독립선언서'로 알려진 '대한독립선언서'가 발표되었다. 이 선언서는 김교헌, 김규식, 김좌진, 조용은, 이대위, 이동녕, 이동휘, 이승만, 박은식, 신채호, 안창호 등 39명의 명의로 지린(吉林)에서 선포되었다. 이 독립선언서는 4천 부가 인쇄되어 미주 등 해외지역의 독립운동가들에게 배포되었는데 본문은 1,273자로 이루어져 있다. 이 선언서는 "我大韓은 完全한 自主獨立과 神聖한 平等福利로 我子孫黎民에 世世相傳키 위하여 玆에 異族專制의 虐壓을 解脫하고 大韓民主의 自立을 宣布하노라"로 시작하는데, 일본의 학대와 억압에서 해방하여 완전한 자주독립과 자립을 선언하고 있다. 뒤이어 일본의 한반도 침략과 식민지화에 대해, 그리고 조선의 문화와 조선인의 인권을 유린한 죄악을 규탄하고 1910년도의 합방 무효를 선언하였다. 그리고 민족 평등, 평등한 천하의 공도 실현, 대동평화, 사해 인류의 포용 등 독립의 의의를 천명하고 독립군의 궐기와 2천만 동포의 육탄혈전 등 독립운동의 방침을 분명히 제시하여 대일항전을 촉구하였다.

이 '무오독립선언서'는 한일병합 이후 중국, 러시아, 미주지역의 독립운동가 대부분을 망라한 최초의 독립선언서로서 한일강제병합의 무효를 분명히 하고 일본에 대한 무력 저항을 선언하였다는 점에는 큰 의의를 가지고 있었다. 나아가 이 선언에 참여한 인사들 대부분은 상해임시정부의 주축으로 활동하였다는 의미에서 이들 선언은 2·8 독립선언, 3·1운동을 거쳐 상해 대한민국임시정부로 나아가는 도화선의 역할을 하였다고 볼 수 있다.

3·1 독립선언과 국내외의 배경

그러면 3·1운동이 일어나고 전국 방방곡곡에서 모든 계층이 참여하여 수개월에 걸쳐 이 만세시위 운동이 지속적으로 이루어진 배경은 무엇일까? 이에 대해서는 일반적으로 민족자결주의 분위기의 고조, 1910년대 항일운동의 역량 축적, 2·8 독립선언, 조선총독부의 무단통치와 조선인 차별 문제 등이 이야기되고 있는데 이에 대해 간략히 검토해 보기로 한다.

가장 널리 이야기되는 3·1운동의 배경으로는 제1차 세계대전의 종결과 더불어 도래한 '민족자결주의' 기운의 상승을 들 수 있다. 이 민족자결주의는 제1차 세계대전 종결을 앞두고 미국의 윌슨 대통령이 세계대전 '14개 강화(講和) 원칙' 중 하나로 1918년 1월에 제기한 것이 그 발단이다. 이는 2·8 독립선언문에 네 개 결의문 중 "**本團은 萬國講和會議**에 **民族自決主義**를 **吾族**의게도 **適用**하게 하기를 **請求**함"이라는 문장을 보더라도 1919년 1월부터 시작된 파리의 강화회의와 민족자결주의에 큰 기대를 가지고 있었던 것을 알 수 있다. 물론 이 민족자결주의는 제1차 세계대전 패전국의 지배를 받던 약소민족의 해방과 자결권을 가리키며 전승국인 일본의 식민지에는 해당되지 않는다는 지적이 많았지만, 2·8 독립선언과 3·1독립운동은 이러한 세계사의 조류 변화와 파리강화회의를 활용하여 독립운동의 결정적인 전기를 만들어 민족의 자결권을 호소해야 한다는 분명한 의식을 가지고 있었다.

두 번째는 앞에서도 보았듯이 일본에 유학중이던 유학생들이 일으킨 2·8 독립선언이다. 송계백을 국내로 파견하여 국내의 현상윤, 최린, 송진우와 연계를 가지고 있었으며, 유학생들의 독립선언문과 독립운동에 관한 의지를 국내의 유지자들에게 전하였다. 따라서 도쿄의 중심부에서 이루어진 이 2·8 독립선언의 쾌거는 3·1독립운동을 계획하고 추진하는 데 있어서 큰 자극이 되었을 뿐만 아니라, 이 운동을 실행으로 옮기는 원동력이 되었다. 나아가 3·1운동이 일어나자 일본에서 유학 중이었던 많은 학생들이 국내로 돌아와 이 만세시위 운동의 중추적 역할을 수행하였다는 점을 보아도 2·8 독립선언과 3·1운동이 밀접한 연관 관계를 가지고 진행되었음을 단적으로 보여준다.

세 번째는 일본의 한국 강제병합 이후에도 국내외에서 일제의 식민지로부터 민족의 독립을 고취해야 한다는 사상과 운동이 계속 이어지고 있었으며 이러한 의지와 운동역량도 3·1운동에 지대한 영향을 끼쳤다는 사실이다. 일본의 한국 강제병합 이후 독립지도자들은 국내에서 공개적으로 독립운동을 수행할 수 없는 상황이 되자 만주나 러시아 연해주, 미주지역 등으로 망명하여 다양한 형태의 독립운동을 지속하였으며, 국내에서도 비밀결사 형태를 통해 독립에 대한 의지와 민족의식을 면면히 이어가고 있었다. 특히 3·1운동과 관련해서는 중국지역의 '신한청년당'의 활동이 활발한데, 이 단체는 1918년 8월 중국 상하이 등지에서 활약하던 여운형, 장덕수, 선우혁, 조소앙, 김철 등 청년 독립운동가들이 설립하여 조직적인 독립운동을 추진하였다. 1918년 11월 세계대전이 끝나고 미국이 크레인(C.R. Crane)을 중국에 파견하였는데 이 신한청년당의 여운형은 그를 만나 한국대표의 파리강화회의에 참여할 수 있도록 협조 약속을 받았으며 다음 해 2월 1일 김규식을 한국

대표로 직접 파리강화회의에 파견하기도 하였다.

신한청년당 당원인 이광수와 조소앙, 장덕수는 2·8 독립운동이 일어나기 전에 도쿄에 파견 나가 재일 유학생과 접촉하여 중국의 독립운동 계획을 알리고 광범위한 독립운동을 촉구하였다. 그리고 신한청년당은 국내에도 2차에 걸쳐 선우혁, 서병호 등을 파견하여 각 지역의 인사들을 두루 만나 의견을 조율하였다. 한편 여운형은 만주와 연해주 지방을 방문하여 이 지역 독립운동가들과 만났으며 각 지역의 독립운동을 적극적으로 격려하였다. 이런 의미에서 만주 지역의 '무오독립선언', 도쿄의 '2·8 독립선언', 나아가 '3·1 독립선언'은 중국과 만주, 연해주, 일본, 국내로 이어지는 적극적인 연계와 상호 자극 속에서 일대 항일민족운동 역량을 결집하였다고 해도 무방할 것이다.

네 번째는 1910년 이후 '무단통치'를 중심으로 하는 조선총독부의 식민지 통치방식과 조선인에 대한 차별문제를 들 수 있다. 일본은 우리의 주권을 강탈하자 육군대장을 조선총독으로 임명하여 입법권, 행정권, 사법권, 나아가 군사력까지 전권을 행사하도록 하였다. 이들의 정책은 일본군 2개 사단과 헌병경찰제를 중심으로 하는 강력한 무단(武斷)통치였다. 그리고 중요 관료는 모두 일본인으로 임명하였고 전통적인 행정조직을 해체하고 최소 행정단위로 면(面)의 기능을 강화하고 여기에 친일적인 사람을 기용하여 행정의 하부조직을 강화하였다. 그리고 1910년부터 토지조사사업을 시행하여 다수의 농민들이 토지의 소유권을 빼앗겨 소작농으로 전락하였으며, 일제는 이를 새롭게 이주한 일본인에게 불하하는 방식으로 토지를 수탈하였다. 그리고 '회사법'을 만들어 공업과 무역을 일본인 상공업자들이 독점하는 구조를 만들었으며 한반도는 일본의 공업제품의 소비지이자 원료와 쌀의 공급지라는 식민지 경제구조를 고착화시켰다. 나아가 서당과 같은 전통 교육 시설을 폐지하고 식민지 교육을 강화하였고 일체의 결사와 집회 자유가 부정되었으며 1910년 이전 간행되던 한글 언론매체들은 모두 폐간되고 언론과 출판의 자유를 허용하지 않았다. 노동 방면에서도 조선인 노동자는 일본인에 비해 형편없는 급료를 받았으며, 불평등과 멸시와 차별 속에서 살도록 강제하였다.

이러한 차별과 더불어 경찰들에게 전근대적 징벌 방식인 '태형'을 다시 부활하여 시행하는 등 경찰국가의 형태를 취해 조선인들을 단속하였다. 일본이 선진문명의 이식이라는 미명하에 식민지화를 수행해 갔지만 사실 조선총독부의 식민지 운영방식은 근대적 문명과는 거리가 먼 전근대적이고 야만적인 방식이었으며 이를 통해 조선인들에게 공포 분위기를 조성하였다. 3·1운동 당시 13도 전국 방방곡곡에서 전 계층의 사람들이 참여하여 대한독립만세를 열창하였던 배경에는 이러한 무단통치 방식과 조선인 차별이 그 배경에 있었다고 할 수 있을 것이다.

물론 이 외에도 갑작스런 고종의 서거와 장례식, 그리고 러시아 혁명 등 다양한 대내외적인 환경도 3·1독립운동의 커다란 요인이 되었고 이러한 환경에 바탕하여 3·1독립운동이 계획·추진되었으며 수개월에 걸친 끈질긴 저항운동이 활발하게 이루어져 국내외적으로 커다란 영향을 끼쳤다.

(2) 일본의 탄압과 3·1운동의 국제적 영향

일제의 3·1운동 탄압과 대응

3·1운동이 일어날 당시 한반도에는 입법, 행정, 사법권을 동시에 갖는 조선총독 아래에 육군 2개 사단, 진해와 영흥만에 해군이 포진하고 있었고, 경찰과 헌병 약 1만 5천 명이 전국 각지에 배치되어 있었다.

3·1운동이 일어난 3월 1일 당일부터 일반 경찰과 헌병뿐만 아니라 정규군인 육군도 곧바로 출동하여 진압에 나서 시위대의 진압과 탄압을 가하였다. 독립만세운동의 초기인 3월 초순에 무력사용과 발포 명령이 내려져 이미 평안남도, 평안북도, 황해도에서는 일본경찰과 군대의 발포로 다수의 조선인들이 학살되었으며 지속적인 학대를 받았다. 예를 들면 3월 3일 황해도 수안에서는 만세시위에 나선 사람들에게 무차별 총격이 가해져 사망 9명, 부상 18명을 낸 것을 비롯하여 다수의 지역에서 총칼로 시위대를 진압하였다. 무자비한 진압에는 이러한 경찰과 군대뿐만 아니라 심지어 재향군인, 소방대, 철도 원호대 등 당시 조선에 거주하고 있었던 재조일본인들까지 총동원하여 조선인 시위대에 탄압을 가하였다.

특히 3월 중순에서 하순에 걸쳐서는 전국 각지에서 일본 관헌의 무력진압으로 많은 희생자가 나와 3월 말부터는 이러한 무자비한 살상 행위에 대응하고자 초기의 평화적 방식의 시위에서 투석이나 몽둥이, 농기구 등 무력을 동원하기 시작했다. 조선총독부는 3월 말부터 더욱 고양하는 독립운동 열기를 차단하기 위해 탄압의 강도를 높이기 시작하였고 노골적인 무력진압의 명령을 내렸다. 4월 2일에 조선총독은 본

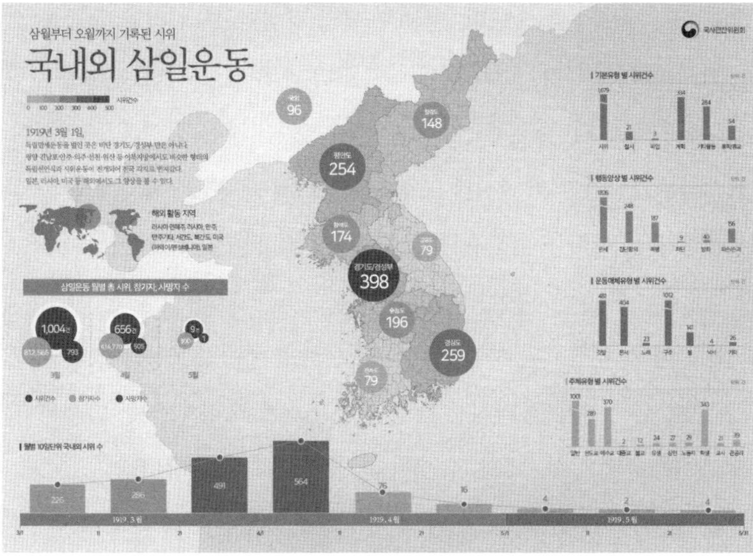

[그림 4] 국내외 3·1운동을 나타내는 국사편찬위원회의 3·1운동 DB 속 인포그래픽

국 정부에 대해 군대와 헌병의 증파를 요청하였으며, 이에 대해 4월 4일에 일본 내각은 조선총독부에 단호한 조치를 요구하면서 일본 현지의 보병과 헌병을 조선에 긴급 파견하기로 결정하였다. 그리고 4월에 들어가면 일본의 모든 군대 병력이 동원되어 경찰, 헌병과 더불어 한층 혹독한 탄압과 학살사건을 일으키게 된다. 제암리 학살사건(4월 15일)으로 널리 알려진 수원 제암리와 화수리에서 일어난 무차별한 총격과 방화를 비롯하여 평안북도 정주, 평안만도 안주, 충청남도 천안, 경기도 안성 등 전국 각 지역에서 조선인 학살을 자행하여 다수의 시위대와 일반인들을 살상하였다.

박은식의 『한국독립운동지혈사』에는 3·1운동 당시 5월 말까지의 피해 규모를 기술하고 있다. 사망자는 7,509명, 부상을 당한 사람은

15,850명, 체포자 46,306명, 일본 관헌의 방화로 불타 버린 교회가 47곳, 학교가 2곳, 민가가 715호에 이르렀다. 이뿐만 아니라 참혹한 탄압과 고문으로 인해 물질적으로 계산할 수 없는, 정신적 피해를 끼쳤다. 이러한 무력탄압뿐만 아니라 조선총독은 4월 15일에 '정치에 관한 범죄 처벌의 건'이라는 법률을 공포하여 종래의 보안법을 뛰어넘어 국내의 독립운동은 물론 한반도 밖의 독립운동과 독립 사상을 단속하고자 하였다. 더구나 체포된 자들에 대해서는 즉결재판 등을 통해 전근대적이고 야만적인 태형을 가하는 경우가 매우 많았으며 다양한 방식의 고문을 가해 수많은 사람들이 육체적, 정신적 후유증을 남겼다.

이러한 경찰과 헌병, 군인들, 나아가 재조일본인들에 의해 이루어진 총과 칼을 통한 무력진압과 학살, 방화, 그리고 무차별 체포와 신체형인 태형, 그리고 갖은 고문이 있었음에도 불구하고 3·1독립운동은 서양 통신사와 선교사에 의해 이러한 무자비한 탄압 과정이 널리 알려지고, 평화적인 방식의 3·1운동은 더욱 부각되기에 이르렀다. 이러한 탄압에도 불구하고 국내의 독립만세운동은 다시 중국 만주 지역, 러시아 연해주 지역, 미주 지역의 동포사회에 영향을 끼쳐 해외로까지 확산하게 된다.

해외 지역 3·1운동의 확산

한편, 위에서 본 바와 같이 국내에서 극심한 무력진압과 탄압이 있었음에도 불구하고 이 3·1운동은 국내의 거국적 독립운동으로 그치지 않고 해외지역의 동포사회에까지 큰 영향을 끼쳐 독립운동이 해외로 확산되어 갔다. 해외에서는 이 당시 100만 명 이상이 이주해 있었던 구 만주 지역, 특히 간도(間島) 지역이 중심이었다. 2월 1일 가장 빨리 39명의 국외 독립운동 대표들이 무오독립선언을 하였지만, 3·1운동 이후에 이 불길이 구 만주 지역으로 확산하여 3월 12일 서간도 지역 삼원보(三源堡)와 금두(金斗)에서 만세운동이 일어났다. 뒤이어 다음 날인 13일에는 북간도 지역 용정(龍井)에서 1만 명 정도가 일본 영사관 앞에 모여 만세운동을 시작하였는데 이 운동은 연 8만 6천 명이 참여한 대규모 3·13 반일 시위운동으로 확산해 갔다. 이 운동은 두도구(頭道溝)와 하얼빈으로 확대하였으며 혼춘(琿春)에서도 3월 20일 대규모 만세운동을 전개하였다.

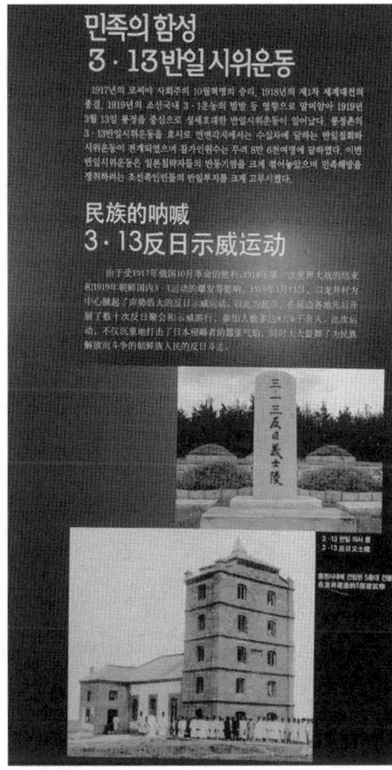

[그림 5] 북간도 지역 용정의 3·13 반일시위 기념관

연해주(沿海州) 지역에서도 3·1운동이 파급되어 3월 17일 이곳의 '대한국민의회' 주최로 블라디보스토크에서 대규모 만세시위 운동이 전개되었으며 11개 나라 영사관에 독립선언서를 배포하였다. 이 운동은 18일에는 스파스크에서, 21일에는 라즈돌노예에서, 4월 5일에는 녹도(鹿島)에서 연이어 만세운동이 전개되었다. 그리고 이 운동은 한반도와 멀리 떨어진 미국에도 전파되었는데 3·1운동의 소식을 접한 '대한인국

민회중앙총회(大韓人國民會中央總會)'는 미국, 멕시코, 하와이 동포 대표자 회의를 개최하고 결의문을 채택하였으며 안창호를 한인 대표로 선출하여 임시정부 수립에 참여하도록 하였다. 나아가 4월 14일에는 필라델피아에서 한인자유대회(韓人自由大會)가 열려 결의안을 채택하고 이승만이 독립선언서를 낭독하였다.

한편 3·1운동의 진원지 역할을 하였던 일본에서는 2·8 독립선언과 이후 히비야 공원에서 이루어진 선언식에서 시위참여자들 다수가 체포되었지만 3·1운동 이후에도 지속적인 움직임을 보였다. 3월 9일 재동경 조선청년독립단 동맹휴교촉진부의 명의로 유학생들에게 휴교동맹에 참여할 것을 촉구하고 국내로 귀환하여 3·1독립운동을 지원하라는 격문을 발표하는데 당시 도쿄에 유학하였던 수백 명의 학생들이 국내로 귀국하여 국내의 독립운동에 합류하였다. 염상섭과 정구충 등은 도쿄의 유학생들 선언을 보고 오사카에서도 독립선언식을 준비하기로 하였으나 모두 대회 당일에 체포되어 불발로 끝났다. 1920년 3월 1일에는 3·1운동 1주년을 맞아 조선유학생학우회 등 유학생 단체들이 진용을 정비하여 기념항쟁을 전개하기도 하였다. 나아가 3·1운동 후 신익희, 윤현진, 이춘숙 등 많은 학생들이 도쿄의 학생운동으로 머물지 않고, 새로 만들어진 상해임시정부에 참여하여 새로운 단계의 독립운동에 투신하기 위해 상하이로 건너가 활동하기도 하였다.

이렇듯 3·1독립운동은 단지 국내의 독립운동으로 그치지 않고 해외에 거주하는 동포들에게도 큰 영향을 끼쳐 동포들이 살고 있는 지역을 중심으로 다양한 형태의 시위와 운동을 통해 독립에 대한 의지와 그 당위성을 널리 알리려고 하였다.

해외 지역의 3·1운동 평가와 영향

미국은 1905년 7월 러일전쟁 도중 미국은 필리핀을 일본은 조선을 지배할 것을 상호 인정하는 이른바 '가쓰라-태프트 밀약'을 맺은 이후, 일본의 한국 보호국화는 물론 강제병합에 대해 우호적이었으며 일본의 조선 지배를 전면적으로 인정하는 입장을 취하였다. 3·1독립운동이 일어났을 때 초기에도 미국의 다수 언론들은 조선에서 독립운동이 발발하였다는 기사를 전하더라도 여전히 일본의 조선 지배를 당연한 것으로 바라보는 입장을 견지하였다.

그러나 베이징과 상해발 AP 통신사 기사나 뉴욕 헤럴드, 뉴욕타임스 등이 맨손으로 독립운동에 나선 조선인들을 일본의 경찰과 군대가 폭력적인 탄압을 자행하고 있다는 기사가 나오면서 여론은 방향을 틀기 시작하였다. 뉴욕타임스는 4월 24일 '코리아'라는 사설을 통해 거대 언론사로는 처음으로 한국의 독립을 전면적으로 지지하는 입장을 취하였다. 특히, 캐나다 장로교 선교사였던 스코필드(F.W. Schofield, 석호필, 1889-1970)는 3·1운동 과정과 일본의 잔인한 진압 과정, 특히 조선총독부와 조선군사령부에서 학살과 방화사실을 은폐하려고 하였던 수원지역 제암리 학살사건을 기록한 보고서를 캐나다장로회 암스트롱(A.E. Armstrong) 목사를 통해 미국 기독교연합회 동양관계위원회에 전하여, 1919년 7월에 발행한 『한국의 상황(The Korean Situation)』에 증거자료로 실렸다. 나아가 조선 내 여러 지역의 만행과 학살이 널리 알려지면서 미국 의회에서도 일본의 폭압과 조선 독립문제에 대해 논의하였으며, 10월 1일에는 미국 상원 외교위원회에서 조선의 정부수립과 독립에 대해 동정을 표시하는 연설로 이어졌다.

[그림 6] 상하이 윤봉길의사 기념관

물론 이러한 미국의 입장은 다소 모호하였고 독립을 위한 특별한 행동을 제시하지는 않았다 그럼에도 불구하고 3·1독립운동으로 인해 지금까지 미국의 주류적인 여론은 일본의 조선 지배를 묵인하거나 이에 관해 무관심하였던 입장에서 한발 더 나아가 일본 통치의 문제와 3·1운동에 대한 잔인한 탄압을 비난하고 조선 독립의 필요성까지 제기하기에 이르렀다. 특히 몇몇의 선교사와 통신사, 그리고 해외 언론에 의해 3·1운동 당시 일본의 잔학성이 널리 알려지고 여론이 조선독립 쪽으로 기울게 만든 사실은 특기해야 할 것이다.

한편, 군벌정치의 혼돈 속에 있었던 중국 쪽은 서양보다도 훨씬 직접적인 영향을 받았다. 3·1운동의 중국 5·4운동에 대한 영향이 그것이다. '중국의 5·4운동'은 파리강화회의에서 일본이 중국에 대해 요구하였던 21개조 요구가 받아들여지자 이를 거부하는 항일운동의 형태로 일어났는데 이 운동은 중국 반제국주의, 반봉건주의 운동의 기점이 되었다. 먼저 중국 신문화운동의 기수이자 베이징(北京)대학 문과대 학장으로서 중국 지식인들에게 강한 영향력을 가지고 있었던 진독수(陳獨秀)는 그가 편집인으로 있었던 『매주평론(每週評論)』에서 3·1독립운동을 상세하게 소개하였다. 그는 조선의 2·8 독립선언문과 3·1 독립선언문을 소개하고 독립시위도 분석하는 기사를 올리는가 하면, 이 운동을 반일과 반매국노 운동으로 규정짓기도 하였다. 진독수는 이 독립운동이야말로 세계 혁명의 신기원을 열었다고 격찬을 보내며 이를 중국의 현실과 비교하면서 중국인들의 궐기를 촉구하기도 하였다.

당시 중국 대학생을 비롯하여 지식인들에게도 큰 영향력을 가진 베이징대학 학생들이 만드는 월간지 『신조(新潮)』에도 5·4운동의 리더 중 한 명이었던 부사년(傅斯年)은 4월호에 글을 투고하여 3·1운동이 무기를 갖지 않은 비폭력 평화운동이고, 불가능함을 알면서도 타산적이지 않은 혁명이며, 순수한 학생 혁명운동이라는 면에서 실로 혁명사의 신기원을 열었다고 극구 격찬하였다. 그리고 아직 조선의 독립운동이 완수되지는 못하였지만 이를 거울로 삼아 중국의 지식인도 분발해야 함을 역설하였다.

이외에도 중국의 신문과 잡지들, 나아가 5·4운동과 밀접한 관련을 가지고 있는 매체들은 앞다투어 3·1운동의 전개과정과 그 정신을 상세하게 보도하고 그 내용을 분석하면서 이에 토대하여 중국의 현상을 되돌아보거나 비판하는 기사를 싣고 있었다. 이렇게 3·1운동은 중국의 베이징 천안문 광장에서 일어난 5·4운동의 직접적인 기폭제가 되었으며 이 5·4운동은 1년간에 걸쳐 학생들뿐만 아니라 베이징과 상하이를 중심으로 중국 각지에서 노동자, 시민들이 적극적으로 참여하는 운동으로 발전해 갔다.

한편, 3·1운동은 중국의 5·4운동의 촉매제 역할에 그치지 않고 베트남, 필리핀의 독립시위 등 해외의 독립운동에도 영향을 끼쳤다. 이러한 의미에서 3·1운동은 제1차 세계대전이 종결되고 세계적인 대전환의 분위기 속에서 제국주의의 억압을 받고 있었던 약소민족의 평화적 민족운동의 동력원이 되었던 획기적 민족운동이었다고 할 수 있다.

(3) 일본 언론의 논조와 반응

일본 언론의 3·1운동에 대한 태도와 폭력성의 강조

위에서 살펴보았듯이 중국이나 미국에서는 3·1독립운동 당시 일본 경찰과 헌병, 그리고 군인들의 총과 칼을 동원한 혹독한 진압과 탄압을 비판하며 이 항일민족운동이 지향하는 정당성과 의의를 적극적으로 기사화하여 여론을 환기하고 일본의 무단통치의 문제를 고발하였다. 그러나 정작 그 당사자국인 일본의 언론은 이와 다르게 정부의 언론통제에 호응하면서 이러한 사실관계를 왜곡하는 기사를 쏟아 냈다. 그러는 과정에서 외국의 언론보도와는 전혀 다르게 만세운동 자체를 일부 종교가나 외국 선교사들의 선동으로 이에 속은 "무지한 우민(愚民) 집단"(『東京朝日新聞』, 1919. 4. 16.)에 의해 일어난 사건이라고 만세운동의 취지를 폄훼하거나 왜곡하면서 정부와 조선총독부의 방침과 논조를 지지하였다.

일본 신문들이 3·1독립운동과 관련하여 게재한 첫 보도기사 내용을 보면 일본 언론의 이러한 태도가 잘 나타나 있다. 먼저 『도쿄아사히신문(東京朝日新聞)』은 3월 3일자에 '예수교도인 조선인의 폭동(耶蘇教徒なる

朝鮮人の暴動)'이라는 표제어를 달고 "대거 경찰서를 습격하고 수비군대와 충돌, 경성에서는 남녀 학생의 시위운동"이라고 3·1운동 첫 기사를 내고 있다. 이는 3월 1일의 평화적인 첫째 날 시위내용을 보도하고 있음에도 불구하고 '폭동'이나 '습격'과 같이 자극적인 용어를 사용함으로써 조선인들의 폭력적 이미지를 애써 만들고 있다. 그리고 『오사카마이니치신문(大阪每日新聞)』도 3월 3일자에 첫 보도를 하면서 "만세를 외치면서 대한문에 모여 군중 중에 뇌동하지 않은 자가 있으면 구타 등의 폭행을 하여, 도처에서 경관과 충돌하였다"고 보도하고 있다. 그리고 조선인끼리도 이 시위운동에 참여하지 않는 자에 대해 폭력을 가하거나 "경찰습격"을 감행한다는 내용을 강조하면서 조선인의 "폭도" 이미지를 강조하였다. 『요미우리신문(読売新聞)』도 3월 10일자 기사에서 '폭동 여전히 그치지 않고'라는 표제어를 통해 "헌병 순사의 학살 잇따르다"는 기사를 통해 폭력적 시위 이미지를 강화하고 있다.

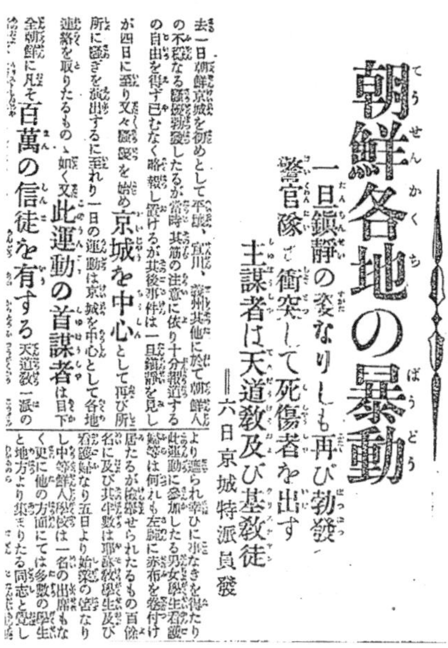

朝鮮各地の暴動
一旦鎮靜の姿なりしも再び勃發
警官隊と衝突して死傷者を出す
主謀者は天道教及び基教徒
═六日京城特派員發

去一日朝鮮京城を初めとして平壌、宣川、義州其他に於て朝鮮人の不穏なる騒擾勃發したるが當時其筋の注意に依り十分報道するの自由を得ず已むなく略報し置けるが其後事件は一旦鎮靜を見しが四日に至り又々騒擾を始め京城を中心として再び所所に騒ぎを續出するに至れり一日の運動は京城を中心として各地連絡を取りたるものゝ如く又此運動の首謀者は目下全朝鮮に凡そ百萬の信徒を有する天道教一派の……より選られ幸ひに事なきを得たり此運動に參加したる男女學生看護婦等は何れも左腕に赤布を卷付け居たるが檢擧せられたるもの百餘名に及び其半數は耶蘇教學生及び看護婦なり五日より始業の筈なりし中等鮮人學校は一名の出席もなく更に他の方面にては多數の學生と地方より集まりたる同志と覺し……

[그림 7] 조선각지의 폭동이라고 보도하는 도쿄아사히신문(3.7)

이렇게 일본의 언론은 "3·1운동의 발발 초기에는 봉기의 원인인 일본제국주의의 조선 지배와 그 탄압정치의 가혹성은 물론, 투쟁 확대의 직접적인 원인이 된 평화적 시위에 대한 무차별총격의 실태에 관해서는 전혀 언급하지 않"은 채 보도가 이루어졌다. 3·1운동이 "마치 처음부터 「폭동」에서 시작된 것 같은 자극적인 보도"(이연, 2013)가 초기부터 이루어진 것은 일본의 식민통치의 문제점을 은폐하고 이 독립운동의 정당성을 훼손하고 그 불법성과 폭력성을 강조함으로써 일본 경찰과 헌병의 탄압에 대해 정당성을 확보하기 위함이라고 볼 수 있을 것이다. 시간의 진행과 더불어 일본 언론에서는 일본 경찰과 헌병의 무자비한 탄압과 총칼에 의한 시위자의 희생에 대해서는 상세한 보도가 이루어지지 않고 오히려 조선인 시위자의 살해, 상해, 방화, 투석과 같은 행위를 더욱 강조하여 만세운동의 정당성을 더욱 훼손시키고 있었다.

> 3·1독립운동에 대한 일본 각 신문지의 보도 및 평론 내용은 다음에 제시하듯이 3월 10일 무렵까지는 '일한병합(日韓併合)', '일선동화(日鮮同化)'를 구가하며 독립운동을 부당한 것이라고 하며 이 '폭동'은 조선민족의 자발적인 것이 아니라 천도교도, 기독교도 등 '불령(不逞)의 무리', 또는 외국인 선교사의 '우민(愚民)을 현혹시키는' 음모에 의한 것이라고 하였다. … 그 취지는 민족자결주의를 부정하고 무력진압을 적극적으로 지지하는 것이었다. … 단 일부의 신문논조에서는 운동의 원인을 일본군벌의 '무단통치'에서 찾고, 총독정치의 개선을 논하여 조선인의 대우개선, 무관(武官)총독제 · 헌병경찰제의 개혁, 동화정책의 강화를 주장했다.(朴慶植, 1973)

이 인용문은 재일사학자 박경식이 3·1독립운동에 즈음하여 일본의 신문보도가 어떠하였는지에 대한 총괄적 설명이다. 이 중 민족자결주의가 조선의 현실에 부합하는 것이 아니라는 논조와 일본의 식민지 정책의 변화를 촉구하는 기사에 대해서는 보다 상세하게 살펴보도록 한다.

민족자결주의와 식민통치 의견

3·1독립운동을 일으킨 주요한 배경 중 하나는 앞에서도 지적하였듯이, 제1차 세계대전의 종결과 이와 더불어 일어난 민족자결주의의 기운 때문이었다. 1919년에 들어서 중국과 일본, 국내의 동포들이 민족독립을 위한 선언과 시위운동을 계획한 것은 이러한 세계적 시류 변화를 활용하여 한반도의 식민지 상황을 타개하고 독립을 얻을 수 있는 계기를 마련하기 위함이었다.

실제 3·1독립운동이 전국에서 대규모로 일어나자, 일본 언론은 이러한 '민족자결주의'가 식민지 조선에는 결코 적용될 수 없는 개념임을 대서특필하며, 민족자결주의에 근거한 독립 주장에 대해 세계적 정세를 잘 알지 못하는 데서 기인하고 있다고 비판을 가하였다.

> 원래 인종무차별주의라고 하는 표제가 너무 간단하여 오해를 끌어들이기 쉽다. 논의의 표제는 잘 연구하여 적당한 이름을 선택하지 않으면 커다란 잘못을 낳을 것이다. 저 민족자결주의와 같은 것도 발의자의 주의는 이번의 구주대란(歐洲大亂, 제1차 세계대전)으로 인해 혼란하여 그 따라야 할 바를 갈팡질팡하는 국민, 또 다른 나라로부터 보아 그

> 영역 결정을 잘못하면 장래에 화근을 남길 우려가 있다고 인정되는 발칸반도 부근의 국민에 한정하여 민족별로 나라를 조직하는 것이 좋다는 의미이다. 결코 전란과 관계가 없고 전란으로 인해 소속의 동요가 없는 나라들까지 적용되는 주의가 아니다. 그런데 표제가 너무 간단하기 때문에 논의의 내용도 조사하지 않고 이를 설듣고 조선인마저 소란피우는 따위는 성가신 이야기이다.(『東京朝日新聞』, 1919. 3. 10.)

이 신문 기사에서는 인종이 문명의 세례를 받지 못하여 미개한 지역의 인종은 자립이 불가능하여 전면적인 인종무차별주의가 존재할 수 없듯이 민족자결주의도 전 세계 모든 지역을 불문하고 적용되는 개념이 아니라는 것이다. 이러한 논리와 더불어 이미 오래 전에 일본과 조선 양국이 합의를 통해 합법적으로 합병한 한반도는 제1차 세계대전과 관련 없는 지역이기 때문에 하등 민족자결권과 관련이 없다는 점을 강조하고 있다. 대개 이런 종류의 기사에서는 제1차 세계대전 패전국들이 통치하던 지역의 문제이지 승전국 중의 하나인 일본의 통치지역에는 해당되지 않는다는 주장이 대세를 이루었다.

이와 더불어 당시에는 일본이 조선을 식민지화한 주요 논리 중의 하나였던 '일선동조론(日鮮同祖論)'도 등장하였다. 즉, "조선과 일본은 태고 이래로 떨어질 수 없는 근친관계에 있고 그 인민은 동조동족(同祖同族)이며 그 국토는 많은 경우에 일국이었다. 즉 오늘의 일선관계는 단지 역사적 추세, 전통적 관계의 자연 상태로 복귀한 것이라고 할 수 있을 뿐만 아니라 세계에서 가장 큰 힘을 발휘하고 있는 민족자결주의를 남김없이 발휘한 것"이라는 주장이 이에 해당한다. 1900년대 초에는 일본은 조선과 그 조상의 뿌리를 같이하며 언어도 유사하기 때문에 조선은 일본의 보호를 받아 문명화의 길을 가야한다는 논리로 조선을 식민지화하였다. 이러한 논리의 연장선상에 서서 일본과 조선은 "동조동족(同祖同族)"이기 때문에 당시 세계적 추세인 민족자결주의가 한일합방으로 실현되었다는 괴변이 이에 해당한다. 어쨌든 당시 일본의 언론은 당시 세계사조의 커다란 흐름이자 3·1운동의 이론적 바탕이었던 민족자결주의가 조선에 적용될 수 없음을, 아니면 한일합병 자체가 민족자결주의에 기초한 것이라는 논리로 조선의 독립만세운동의 정신을 훼손하고자 하였다.

그러나 3·1운동이 일본 경찰과 헌병의 무력진압에도 불구하고 경성과 각 지방에서 지속적으로 이어졌고 기독교, 천도교, 불교 등 제 종교세력은 물론, 유림이나 교사, 학생 등 지식인, 농민, 노동자, 상인, 기생 등 모든 계층이 참여하는 민족운동으로 전개되자 이 3·1운동의 또 다른 배경에 대한 진단과 더불어 이의 해결을 위한 기사들이 나오기 시작하였다. 그 중에서 가장 대표적인 것이 지금까지 무단정치로 대표되는 조선총독부의 식민지정책을 개선해야 한다는 다음과 같은 기사들이 나오게 된다.

> 첫째로 급무로 해야 할 점은 군인총독의 제도를 철폐하고 문관총독을 두어 각 부현의 헌병정치를 고쳐서 선민(鮮民)으로 하여금 다가가기 쉽고 반가워하기 쉽게 만들지 않으면 안 된다. … 다음으로 조선인의 교육방침으로 동화를 강요하고 조선인으로 하여금 억압의 관념을 일으키는 것을 폐지해야 한다. 조선인에 대한 교육은 조선인 2천만

> 의 생활과 문명을 기초로 하고 그들에게 자유의 은혜를 감사하게 만들 필요가 있다. … 현재 우리 국민의 폐단은 조선인을 보는 것이 의붓자식 같고 열등국민과 같다. 선민(鮮民)을 대하건 데 깊은 골을 만들고 어쨌든 이들을 소외시키려고 하는 풍조가 있다. 본디 새로 따르게 된 백성에게는 질투의 성격이 있다. 이를 베어버리고 그 응체(凝滯)을 제거하려고 노력해야 함은 우리의 내지 국민이 주의하지 않으면 안 된다.(『東京朝日新聞』, 1919. 4. 16.)

이 인용문은 『도쿄아사히신문』의 4월 16일 「조선의 통치 진정후의 방침(朝鮮の統治 鎮定後の方針)」이라는 신문사설이다. 이 사설에서도 여전히 폭동이 우발적인 사건이 아니라 조직적이라고 지적하며, "이들을 진압하는 데 병사를 가지고 해"야 한다며 무력진압에 동조하고, 일본의 한국 강제병합 이후 조선의 발전에 기여를 하고 법률의 보호를 통해 재산을 보호하였음에도 이런 사태가 발생하였다고 3·1운동에 대해 먼저 조선인을 비판하고 있다. 이러한 비판 이후 사태가 진정된다면 몇 가지 정책적 변화를 주문하고 있는데 경찰과 헌병으로 통치하는 무단통치의 시정, 동화를 강제하는 교육제도의 개편, 조선인을 열등하게 바라보는 시각과 차별의 시정 등이 그러한 개혁 내용의 요체이다.

상기의 기사를 보더라도 3·1운동은 실제 일본이 한반도를 통치하는 과정에서 일어난 민족 최대의 저항운동이었음은 자명하다. 그렇기 때문에 결과적으로 일본과 조선총독부는 한반도를 통치하는 방식에서 가장 큰 변화를 도모하지 않을 수밖에 없었다. '무단통치'에서 '문화통치'로의 변화가 바로 이것인데, 조선 문화의 존중, 조선인 관리의 등용,

언론, 출판의 자유 보장, 교육기회 확대 등이 이에 해당한다. 물론 이러한 정책이 실제 얼마나 실행되었는지 의문시되며 이것이 결국은 조선인의 분열 정책이자 더욱 교묘한 식민지 통치방식이라는 평가가 결코 적지 않다. 그렇지만, 결과적으로는 무단통치를 통해 공포 분위기 속에서 조선인을 차별과 멸시만 하던 상황 속에서 3·1운동은 이러한 방식으로는 조선인을 통치할 수 없다는 것을 보여준 사례라 할 수 있다. 즉 조선총독부가 조선인의 거국적인 만세독립운동으로 그 강압정치를 부분적이나마 개선하지 않을 수 없도록 만든 것도 일본 정부나 조선총독부의 자발적 선택이 아니라 3·1운동을 통해 획득한 것이라는 측면에서 이 운동이 가져온 큰 의의라 하지 않을 수 없다.

2장

일본 지식인과 '3·1독립운동' 옹호론

> 그렇다면 그들로부터 불평의 본바탕을 없애는 길은 무엇인가? 다른 것은 없다, 그들에게 안심을 부여하는 것이다. 안심을 부여하는 길은 무엇인가? 합방 당시의 약속으로 되돌아가서 지성(至誠)과 지정(至情)을 가지고 그들을 대하는 데 있다. 자유와 권리를 존중하고 우리들 본국인과 동일한 대우를 하는 데 있다. 그 위에 적당한 시기에 완전한 독립을 승인하겠다고 밝혀 그들로 하여금 앞길의 희망을 충족시키는데 있다. 이렇게 하지 않고서 영구적인 노예 아래에 두려고 하는 것은, 오로지 인도와 정의의 역적일 뿐만 아니라 도리어 스스로의 위험을 키우는 까닭이다.(宮崎滔天, 1919. 6. 27.)

이 글은 미야자키 도텐(宮崎滔天, 1871-1922)이 1918년 5월부터 4년간 『상해일일신문(上海日日新聞)』에 연재하였던 정치사회평론인 「도쿄로부터(東京より)」라는 칼럼의 기사이다. 미야자키는 메이지시대 '아시아주의'의 신봉자로서 중국의 쑨원(孫文)과 교류하면서 1905년에 그와 더불어 혁명운동 단체인 '중국동맹회'를 만들었으며 신해혁명 당시에는 이 세력들을 지원하면서 신해혁명을 선전하는 활동을 하기도 하였다. 이 기사를 쓸 당시에 미야자키는 3·1운동뿐만 아니라, 중국에 일어났던 '5·4운동'에 대해서 큰 관심을 가지고 일본의 대외정책을 비판하였다. '5·4운동'은 일본이 중국에 제1차 세계대전 패전국인 독일이 중국의 산둥(山東)반도에 가지고 있었던 이권을 양도할 것을 요구하는 등,

이른바 '21개조 요구'로 인해 발발한 중국의 항일 반제국운동이다.

미야자키 도텐은 위의 인용문에서 보듯이, 3·1운동의 원인 중 하나였던 불평등해소를 위해 온 정성을 다해야 하며 조선인의 자유와 권리를 존중할 것을 제기하였는데, 궁극적으로 그가 주장하고 싶었던 바는 조선에 '완전한 독립'을 부여하자는 것이었다. 이러한 주장은 당시 일본 내 식민주의를 비판하던 지식인들 중에서도 상당히 획기적인 의견이라 할 수 있다. 그는 계속하여 '민족자결'은 독립만세운동 폭발의 '도화선'에 해당하지만, 보다 본질적이고 근본적인 문제 해결을 위해서는 일본과 조선의 불평등을 해소하고 궁극적으로 완전한 독립을 보증하는 것 외에는 방법이 없다고 단언하였다.

그는 3·1운동이 일어나고 일본 내에 그다지 널리 알려지지 않았던 시점부터 그 누구보다도 이 만세운동의 본질을 잘 간파하여 3월 8일자 『상해일일신문』에 다음의 기사를 실었다.

> 조선 전도(全道)에 걸친 이 대(大)시위운동이 두세 곳에서 경찰헌병과 충돌이 있었던 것 이외에, 그 운동이 무장봉기 식의 폭동으로 나오지 않고 지극히 질서가 있고 엄숙하게 행해진 점은 주목할 가치가 있다고 생각합니다. 이것을 외국인의 흑막이 있었기 때문에 그렇다고 하는 자도 있지만, 어쨌든 이렇게 많은 사람들의 행동이 같은 시기에 더구나 엄숙하게 이루어지는 것은 우러러볼만한 행동입니다.
> 특히 그 선두에 서 있었던 자들이 남녀 학생이라는 사실은 합병자인 우리나라에 있어서 크게 고려할 가치가 있는 것이라고 생각합니다.(宮崎滔天, 1919. 6. 27.)

미야자키의 분석은 3·1운동 초기부터 사태의 본질을 정확하게 진단하고 있었다. 먼저 이 운동이 일본 주류언론이나 당국이 주장하듯이 외국인이나 소수 종교가의 선동이나 흑막에 의해 일어난 사건이 아니라는 점, 그리고 이처럼 대규모의 시위운동이 폭력적인 방식이 아니라 질서정연하고 평화적으로 일어나고 있다는 점을 제대로 파악하고 이 운동에 대해 "우러러볼 만한 행동"으로 긍정적으로 가치부여하고 있다. 더구나 어린 학생들이 이 운동의 선두에 서 있다는 사실에 비추어 그 동안 조선총독부의 "극단적인 헌병정치"를 "구세계 골동(骨董) 정치의 모형"이라고 지적하였다. 조선인은 물론 외국인들, 심지어는 뜻있는 일본인조차 이러한 상황을 "빈축(嚬蹙)하고 있지만 당국만은 이를 알아차리지 못하고 있다"며 신랄한 비판을 가하고 있다. 그리고 일본 당국은 항상 특기로 하는 "무력"이라는 "모르핀"으로 임시 효과를 거두려고 하겠지만 결국에는 "정의와 인도에 근거한 최상의 미덕"을 발휘하지 않는다면 근원적 치료는 이루질 수 없을 것이라고 진단하였다.

이처럼 미야자키는 비록 일본 국외에서 간행되는 신문이기는 하였지만 3·1운동 초기부터 이 운동의 근본적인 취지와 정신을 제대로 파악하고 그 동안 문제가 되던 무단통치의 문제점을 나열하며 이 모두를 "원로의 죄이고 관료 군벌의 죄이자 정당 정치가의 죄"이자 "무종교, 무철학 국민의 죄"라고 자국을 격하게 비판하였다.

앞에서 보았듯이 3·1독립운동이 일어났을 때, 대부분의 주류언론들은 조선총독부의 무단통치 방식과 조선인에 대한 차별과 수탈, 그리고 이 만세운동이 지향하는 근본정신에 대해서는 어떤 언급이나 진단도 하지 않고, 이 만세운동이 폭력적인 형태를 띠어 일부 종교가나 선교사들의 선동에 현혹되어 무지몽매한 조선인들이 일으킨 폭동으로만 묘사하였다. 그러나 이 미야자키 도텐의 주장에서 볼 수 있듯이 정부 당국자나 관변언론의 틀에서 벗어나 일본의 조선통치의 문제, 조선인 차별, 만세운동의 원인 진단을 비교적 객관적으로 하고자 하는 일부 지식인들의 움직임이 있었다. 그 대표적인 지식인들이 위의 미야자키 도텐 외에도 1910년대 다이쇼 데모크라시 운동의 이론적 리더 중 한명인 도쿄제국대학 교수 요시노 사쿠조(吉野作造), 동양경제신보사(東洋經濟新報社)에서 활약하였던 언론인 이시바시 단잔(石橋湛山), 그리고 기독교계의 일부 인사들, 일본 내에서 민예(民藝)운동을 일으켜 민중들의 일상생활 속에 예술적 가치를 발견하고자 하였던 야나기 무네요시(柳宗悦) 등을 들 수 있다.

따라서 이 장에서는 비록 소수이기는 하였지만 3·1독립운동을 옹호하고자 하는 입장에 서 있었던 일본 내 지식인들의 주장과 비판을 검토해 보도록 한다. 이를 통해, 이들이 3·1운동의 의미를 어떻게 받아들였는지, 나아가 이들이 식민지 조선에 대해서 어떤 비판의식을 가지고 있었는지를 이해함으로써 3·1운동의 기억을 보다 광범위한 범주 속에서 이해하고자 한다.

(1) 민본주의자의 기수 요시노 사쿠조(吉野作造)와 3·1운동

도쿄대학 문과대학 학생 잡지 『데모크라시(デモクラシイ)』 속의 조선 지배 규탄

1910년대부터 1920년대 전반기까지 다이쇼(大正)시대는 정치상으로 보통선거 요구운동, 정당정치 실현, 집회와 결사 및 언론 자유 운동,

해외 군사적 확장 반대와 군비축소 주장, 사회적 불평등 해소와 노동자들의 단결권 주장, 교육계의 자유교육 실시 운동 등 다양한 분야에서 자유롭고 민주주의적 운동이 활발하게 일어났다. 일본 근대사에서는 이러한 움직임을 '다이쇼 데모크라시'라고 일컫는데, 이러한 사회적 분위기에 커다란 영향을 끼친 지식인들 중 한 명이 이러한 '민본주의(民本主義)' 사상을 적극적으로 제기한 도쿄대학 문과대학 교수 요시노 사쿠조였다.

요시노 사쿠조는 1909년부터 도쿄제국대학에서 정치사를 강의하면서 '민중'을 정치의 중심에 두고 언론의 자유를 적극적으로 옹호하는 '민본주의'를 적극적으로 제창하였으며 1918년 12월에는 이러한 민본주의를 옹호하는 학자와 사상가들과 더불어 '여명회(黎明會)'라는 단체를 결성하여 활발한 강연활동도 전개하였다. 학자와 사상가들을 중심으로 하는 여명회 결성에 발맞추어 요시노 사쿠조의 민본주의부터 사상적으로 커다란 영향을 받은 도쿄제국대학 학생들은 인도주의적 사회주의의 입장에서 학생운동단체인 '신인회(新人會)'를 결성하였다. 그리고 1919년 3월에 월간 『데모크라시』라는 잡지를 창간하였는데 이 잡지는 2호와 7호에서 3·1운동을 직접적으로 언급하며 일본정부와 조선총독부의 무단통치를 격렬하게 비판하였다.

> 권력을 가지고 압제하는 자들에게 진정한 평화는 영원히 오지 않는다. 상대를 학대함으로써 자기에게 이익이 되게 하려는 자는 결국 영원한 이익을 잃는다. 우리들이 오늘날 조선의 통치와 그 상태를 목격하고 통감하는 바는 실로 이것이다. 관료와 군벌이 가지고 있는 권력

> 절대주의의 통치에 의해 일본과 조선 사이에 어떻게 진정한 희열과 평화가 오겠는가? 이번의 소란은 권력 절대주의의 통치가 초래한 당연한 귀결이다. … 상대의 존재를 무시하고 상대를 노예시하며 자기의 이익만을 도모하려고 하는 자가 어째서 진정한 이익을 얻을 수 있겠는가?(『デモクラシイ』, 1919. 6. 29.)

이 글은 『데모크라시』의 1919년 6월호에 실린 권두언에 해당하는 글인데, 3·1운동을 목도하면서 식민지 '조선의 통치자'에게 신랄한 비판을 가하고 있는 기사이다. 이 기사에서는 절대적 권력으로 조선인들을 압제하였던 실상이 3·1운동의 원인이며, 조선인을 무시하고 차별하며 심지어 '노예시'하여 일본의 이익만을 도모하고자 하였던 통치행태가 그 근본 이유임을 분명히 하고 있다. 특히 이글에서는 "일본의 관료와 군벌이 천박한 국가주의"로 "옛날 방식의 정복자 심리로 피정복자에 대해 위압"을 가한 사실을 열거하고 있는데, 이 위협과 폭압적인 분위기의 대표적인 예로 헌병들의 칼을 들고 있고, 심지어는 신성한 교육현장에서 교원들도 칼을 차고 있었던 사실을 지적하고 있다. 이러한 폭압과 더불어 조선총독부가 농민으로부터 토지를 수탈하였고, "일본에서 오는 이민은 마을 토지의 최상의 장소를 점령하"였던 상황을 열거하면서 조선인들이 "모든 희망을 빼앗기고 있"었던 현실을 고발하고 있다. 더구나 조선인 학생의 전도가 참담하였을 뿐만 아니라 희망이 없는 생활을 강요당했으며, 3·1운동 발발이라는 "이러한 결과를 초래한 것은 조선 그 자신이 아니라 천박한 권력적 국가주의로 이들을 통치하는 총독정치"라고 결론짓고 있다.

이러한 인식은 3·1운동이 일부 종교가나 선교사들이 선동을 하여 무지몽매한 민중들을 현혹했기 때문에 야기되었다고 본 당시 일본 언론의 일반적인 견해와 상당한 차이가 있다. 조선총독부의 폭압적인 통치정책과 수탈로 인하여 조선인의 희망이 박탈된 상황을 열거하며 3·1운동이 결코 조선인들의 잘못이 아니라 조선 통치자의 권력 때문이라고 보는 인식은 3·1운동에 대한 지지의 선언이라 할 수도 있을 것이다.

실제 『데모크라시』에서는 3월 31일에 간행된 제2호에서도 「조선청년 제군에게 드리다」라는 글을 통해 비교적 빠른 시점에 이 3·1운동에 대한 지지의사를 표명하였다.

> 우리의 경애하는 조선의 친구들이여. … 한 나라가 자국의 이익을 위해 다른 나라의 의사에 반해 이를 지배하는 것과 같은 일은 결단코 불가하다. 하물며 그 인민을 강압하여 그들에게 차별적 대우를 하고 위력과 권력으로 인민의 목소리를 억압해 복종시키는 것과 같은 일은 비인도의 정점이다. … 우리들은 형들의 동포가 자유의 천지에 진정으로 인류로서의 올바른 생활을 획득해야 할 날이 하루라도 빨리 올 것을 희망해 마지않는다.(『デモクラシイ』, 1919. 3. 31.)

3·1독립운동의 주요한 세력이라고 할 수 있는 '조선청년'에게 보내는 글의 형태를 취한 이 권두언은 단순히 무단통치에 대한 고발을 뛰어넘어 3·1운동이 목표로 하고 있는 식민지 조선의 진정한 '자유'에 대한 지지 표현이라고도 볼 수 있다. 그렇기 때문에 한 나라가 나른 나라의 의사에 반해 지배하고 있는 현재의 상황을 결단코 허용되어서는 안

되는 비인도적인 행위로 간주하고 일본이 조선에 대해 부당한 압박을 가하고 있는 당시의 억압적 상황을 '수치'로서 표현하고 있다.

이와 같이 당시 일본 내 대표적 민본주의자였던 요시노 사쿠조의 가르침과 사상적 영향권 내에 있었던 이 도쿄제국대학 학생 단체인 '신인회'는 3·1운동의 초기 단계부터 일본의 조선 통치방식의 문제를 비판하고 있을 뿐만 아니라 조선이 진정으로 자유를 획득해야 함을 천명하며 3·1운동이 제기하였던 선언에 당위성을 부여하며 힘을 보태고 있었다.

요시노 사쿠조의 3·1운동 인식

요시노 사쿠조는 3·1운동이 일어나자 1919년 4월에 간행된 『중앙공론(中央公論)』에 「조선폭동선후책(朝鮮暴動善後策)」이라는 평론을 재빨리 게재하여 이 사건의 올바른 수습책에 대해 자신의 의견을 개진하였다. 일본에서 이 당시 폭넓게 논해지고 있었던 조선인들에게 엄벌을 가함으로써 국법의 위엄을 보여줘야 한다는 의견과 이후 구휼(救恤)을 통해 황실의 하사금(下賜金)을 지원해야 한다는 견해에 대해 이것만으로는 궁극적 문제해결이 될 수 없다고 주장하며 그 나름의 해결책을 제시하였다.

> 일시동인(一視同仁) 정책의 철저이다. 모든 방면에서 일본과 조선의 구별을 철폐하고 특히 교육상의 현실적인 문호개방은 무엇보다 급한 일이다. … 일시동인 정책의 필연적 결과는 조선인에게 어떤 종류의 자치를 인정하는 방침으로 나가지 않으면 안 된다. 그 방법과 범위, 시

기에 대해서는 자연히 별도로 연구할 여지는 일을 것이다. 단 방침으로서는 관리 만능의 정치를 그만두고 적어도 조선민을 재류 내지인과 협동하여 통치의 감독을 담당하게 만드는 일은 절대로 필요하다. … 다섯 번째의 방책으로서 민간에 일선협동을 위한 어떠한 소통기관이 설립되기를 희망한다.(吉野作造, 1919. 4.)

3·1운동 초기에는 조선인의 폭력과 불법만을 강조하며 이들에 대해 가차 없는 진압과 엄벌을 통해 국법의 위엄을 보여주어야 한다는 의견이 대세였다. 이러한 시기에 요시노 사쿠조는 위와 같이 일본인과 조선인 차별의 완전한 철폐, 교육에 대한 문호 개방, 공직 채용에 있어서 차별 금지를 3·1운동의 수습책으로 제시하였다. 3·1운동 이후 일정한 시간이 지나고 나서 몇몇 언론이나 지식인들 사이에서도 이러한 의견을 제시하는 경우는 있었지만 요시노 사쿠조보다 그 주장의 강도가 결코 높지는 않았다. 그런데 그의 주장 중에서 가장 흥미가 가는 내용은 조선인들에게 '자치'를 부여해야 한다는 내용이다. 물론 이 자치라는 하는 것이 조선인들만의 자치 정부까지는 아닌듯하고, 일본인과 더불어 구성하는 '통치의 감독'을 의미하고 있기는 하지만 이 당시로는 처음으로 식민지 조선 내에서 조선의 자치권을 부여해야 한다고 제안하였다는 측면에서 그 의의가 있다.

요시노 사쿠조는 여기서 한발 더 나아가 3·1운동의 진상을 밝히고 지금까지 일본의 통치에 대한 견해를 듣고 앞으로 오해를 불식시키기 위해 일본과 조선의 격의 없는 대화가 필요하며, 이를 제도화하기 위한 소통기관 설립을 제안하고 있다. 더구나 이미 일본 정부는 조선인의 불신으로 인해 이러한 소통기관의 역할을 담당할 수 없는 상황이기 때문에 요시노는 '조선 재류의 미국 선교사'가 이 기능을 담당해야 한다고 의견을 피력하고 있다. 이 당시 조선총독부나 일본 언론에서 외국인 선교사가 조선인들의 3·1운동을 선동한 당사자 중 하나라고 비난하고 있는 상황이었다. 그럼에도 불구하고 요시노는 역발상을 통해 지금까지 이루어진 조선통치 방식을 비판적으로 검토하고 3·1운동의 진상을 규명하며, 나아가 조선인과 일본인들이 조선의 자치적인 운영을 위해 진지하고 허심탄회한 대화를 진척시키기 위해, 이러한 역할의 담당자로서 외국인 선교사를 내세우고 있다. 이러한 사실은 그가 3·1운동과 조선 문제에 얼마나 객관성을 유지하려고 했는지를 잘 보여주는 사례라 할 수 있다.

요시노가 보인 3·1운동에 대한 관심은 여기에 그치지 않고 1919년 6월 같은 잡지에 「조선에서의 언론자유(朝鮮に於ける言論自由)」라는 글을 게재하여 재차 일본 동포의 반성을 촉구하며 근본적 해결책을 제시하고자 하였다. 그는 조선에서 일본인 상인이 일본 관헌의 도움을 받아가며 자본이 빈약한 조선 상인을 속여 폭리를 취했던 이야기와 기부라는 명목으로 조선인 토지를 무상으로 몰수한 사례를 들면서 현재 조선인들은 불평과 고통을 가질 수밖에 없는 상황임을 명백히 제시하고자 하였다. 이러한 조선인의 불평과 고통, 울분을 해결하고 이를 통치자들에게 전하기 위해서는 "자유로운 의사 발표의 기회를 주어"야 하며, 이를 위해서는 "조선에서 언론의 자유를 더욱 넓게 허용해야"(吉野作造, 1919. 6.) 한다고 주장하였다.

요시노는 이러한 평론들 외에도 그가 민본주의자들과 더불어 만든

'여명회'에서 조선기독교청년회 간사인 백남훈, 김준연을 초청하여 조선인들의 의견을 듣기도 하고 6월 25일 제6회 강연회에서는 「조선문제의 연구(朝鮮問題の研究)」라는 주제를 정면으로 내걸고 3·1운동을 탄압한 일본정부를 비난하였다. 이러한 이유로 그는 정부 기관의 압력을 받기도 하고 조선인의 행동을 못마땅하게 생각하던 일본인으로부터 조선인에 동조한다고 적지 않은 비난을 받기도 하였다. 그렇지만 그는 항상 조선인들의 만세운동 원인이 잘못된 통치방식에 있으며, 나아가 조선인의 행동을 폭도로서 매도하거나 폭력적으로 진압하는 현실에 대해 일본의 도덕 회복과 일본인들의 반성을 시종 촉구하였다.

3·1운동 이후의 조선 인식

3·1운동의 실상을 직시하고 일본의 태도를 비판하던 요시노 사쿠조는 3·1운동 이후에도 계속하여 조선 문제에 관심을 가지고 지켜보고 있었다. 1920년 11월에는 『중앙공론(中央公論)』에 「조선의 폭동에 대해(朝鮮の暴動について)」라는 글을 통해 조선에서 민심이 계속 악화하고 있으며, 3·1운동 이래로 "점차 맹렬해지고 여러 곳에서 노골적인 폭발을 보이고 있"음을 지적하고 있다. 3·1운동 이후 격화된 양상을 보인 변경지역을 중심으로 한 무장 봉기 등을 가리키고 있는 듯한데, 이를 단지 일본 통치에 반항하는 '불령(不逞) 취급'만 하는 현실에 반성을 촉구하였다. 요시노는 조선인을 동등하게 대우하지 못하고 일방적인 동화(同化)만을 요구하는 데에서 조선인들이 "더더욱 반항하기에 이른 것은 당연"하다며, "적어도 도덕적으로 그들의 입장은 부당한 것이 아니라고 보아야 한다"(吉野作造, 1920. 11.)고 당국자의 반성을 촉구하고 조선

인들의 저항에는 오히려 도덕적인 근거를 부여하고자 하였다.

한편, 요시노 사쿠조는 1921년 2월 『중앙공론』에 「조선 문제에 관해 당국에 바란다(朝鮮問題に関し当局に望む)」라는 글을 통해 3·1운동 이래의 조선인 탄압과 조선이 봉착하고 있는 문제를 재차 언급하며 당국의 반성을 촉구하였다. 그가 이 글에서 무엇보다 주장하고자 하는 바는 '조선 문제'에 대해 언론보도가 제대로 이루어지지 않아 일본인들이 이에 관한 실태를 알 수 없다는 한탄이었다.

그는 "조선 문제에 관해서는 종래에 종종 여러 가지 이유를 들어 신문잡지상에 논평하는 일이 금지되고 있었"던 현실을 지적하고, 그럼에도 불구하고 이러한 금지명령에 저촉하지 않은 범위 내에서 의견을 내고자 하였던 자신의 경험을 소개하였다. 이렇게 자신의 의견을 직접적으로 표현하지 않고 에둘러 표현했음에도 불구하고 비공식적으로 "더욱 근신하는 태도를 취하라고 주의를 받고 있"었던 현실을 폭로하고 있다. 나아가 일본에서 조선 문제에 대해 우려를 가지는 사람들이 있을 텐데 이러한 감시와 위험을 두려워하여 자신의 의견을 개진하지 못하고 "우리나라의 평론계에서는 조선의 문제는 거의 돌아보지 않는 듯한 모습"에 대해 개탄하였다.

> 바야흐로 조선 문제는 인도상의 일대문제로서 세계의 이목을 놀라게 하고 있다. 그중에도 영국과 미국의 지식인들 일부 사이에는 이를 남의 일이라 생각하지 않고 걱정하고 있는 자도 있는 듯하다. 이에 대해 일부 정치가들은 무미건조한 국제법리를 구실로 삼아, 우리나라의 내정에 관계없는 사람들이 간섭하는 것을 허용하지 않겠다고 한다. 이

> 른바 비간섭의 원칙이 지켜지고 있었던 구시대에도 인도상의 큰 문제에 대해서는 남의 일이라고 생각하지 않고 세계의 지식인들은 이구동성으로 서로 논하였다. 핀란드 학대 문제에 대해 유럽제국의 학자가 행동을 같이하여 러시아 황제에게 충고하러 나간 일도 있었다고 들었다.(吉野作造, 1921. 2.)

여기서 요시노는 제암리 학살사건을 지칭하는 '수원사건', 그리고 그 이상의 희생자를 낸 '간도의 기독교도 학살사건'이 일본의 언론에서는 그 실태가 거의 다루어지지 않고 '당국의 변명'만 늘어놓고 있는 현실을 비난하며, 이를 심각한 '인도상의 일대문제'로 규정하였다. 일본당국은 오로지 상대가 불법적이기 때문에 '자기의 폭행을 변호'하고자 하는 모습과 대조적으로 서양의 언론이나 선교사는 이러한 탄압을 우려하고 일본의 대처를 비난하는 움직임을 비추어 보며 일본인들의 일대 각성을 촉구하고 있다. 특히 외국 언론에는 이러한 실상이 보도되어 일본을 비난, 공격하여도, 정작 당사자인 일본인들은 어떤 상황인지 그 실태조차도 알 수 없는 현실에 대해 그는 '일본민족의 양심'이 상실되고 있는 지점을 목도하였던 것이다.

요시노 사쿠조는 3·1운동을 통해 자치에 대해 지적은 하였어도 조선의 독립 부여라는 지점까지는 나가지 못하였다. 그렇지만, 조선총독부의 무단정치의 잔혹성, 일본의 폭력적인 탄압의 실태를 고발하고 제암리 학살사건이나 간도의 기독교도 학살 사건과 같은 비인도적인 학대 사실을 적극적으로 고발하고 도덕적으로 조선인이 정당하며 이를 공론화하지 못하는 일본인의 반성을 촉구하였다는 점은 결코 간과할 수 없는 부분이다.

(2) 『동양경제신보(東洋経済新報)』와 이시바시 단잔(石橋湛山)의 3·1운동

『동양경제신보』의 3·1운동 및 식민지 관련 기사

3·1운동이 일어나고 얼마 지나지 않은 시점인 3월 15일에 순보(旬報) 형태로 간행되던 『동양경제신보』라는 경제지에서 이 독립운동에 관한 소식을 전하고 있었다. 이 기사에서는 조선 각지에서 일어난 이 운동이 "일부 야심가의 선동"도 있었다고 하지만 이 만세운동에 수많은 조선인들이 공명하여 참여한 것을 보면 "조선인의 요구가 무엇인지 암시되어"있을 것이라고 지적하고 있다. 그리고 이 운동을 "단순한 선동의 결과로 보는 일은 가공할 결과를 배양하게 만들" 것이며, 이는 "무관정치의 개선이 필요함을 암시하는 것은 아닐까"(『東洋経済新報』, 1919. 3.)라고 비교적 우회적이기는 하지만, 3·1운동의 요인을 여타의 일간지와는 사뭇 다르게 진단하고 있었다. 즉, 이 운동에는 특정인의 선동이라기보다도 조선인들 공통의 요구가 들어 있으며, 이를 단순히 선동의 결과라고 치부해 버린다면 훨씬 가공할 결과를 초래할 것이라고 경고하고, 이 민족적 운동을 비교적 객관적으로 직시하려는 입장을 취하였다.

그런데, 같은 해 5월 15일 기사에는 이보다 한발 더 나가 이 문제를 해결하기 위한 근본적인 해결책을 다음과 같이 제시하고 있다.

> 조선인도 한 민족이다. 그들은 그들의 특수한 언어를 가지고 있다. 다

> 년에 걸쳐 그들의 독립의 역사를 가지고 있다. 충심으로부터 일본의 속국임을 기뻐할 조선인은 아마 한 사람도 없을 것이다. 따라서 조선인은 결국 그 독립을 회복하기까지 우리 통치에 대해 반항을 계속함은 물론 … 조선인은 일본의 통치 하에 어떠한 선정을 받아도 결코 만족할 리가 없다. 따라서 그들은 그들의 독립 자치를 얻을 때까지 결단코 반항을 그치는 않는다. 문제의 근본은 여기에 놓여있다. … 만약에 조선인의 이러한 반항을 완화하고 무용한 희생을 회피하는 길이 있다고 한다면, 결국 조선인을 자치 민족으로 만드는 것 밖에는 없다.(『東洋経済新報』, 1919. 5.)

이 기사는 전후에 일본의 수상까지 올랐으며, 이 당시 『동양경제신보』의 편집인 중 한 명이었던 이시바시 단잔이 쓴 「조선인 폭동에 대한 이해(鮮人暴動に対する理解)」라는 글이다. 기사의 제목과는 달리, 이시바시 단잔은 이글에서 조선이 지금까지 독립의 역사를 가지고 있었고 조선인 특유의 언어를 가지고 있었음에도 불구하고 일본과 조선이 정복민족과 피정복민족의 관계가 되면서 생길 수밖에 없는 근원적인 불평등과 차별을 상세하게 지적하고 있다. 즉 한일병합 이후 조선의 부(富)를 일본인들이 독차지하고 있다던가, 조선에서 유리한 사업은 일본인이 가져간다던가 하는 "피정복민족에 대한 정복민족의 약탈"과 "정복자의 죄악"이 무수히 존재하였음을 열거하고 있다. 더구나 "재한방인은 개와 말을 부리는 것과 같은 태도로 조선인을 부리"고 있었던 사실을 사례로 들면서 정복민족과 피정복민족의 사이에는 아무리 억제하고자 하더라도 자연히 불평등이 생길 수밖에 없음을 설명하고 신

민지 통치의 근원적인 문제를 언급하였다.

이시바시 단잔은 한 개인의 경우도 그의 모든 요구가 충족되더라도 타인의 보호와 관리하에 놓인다면 그는 결코 만족할 수 없으며 그에게는 진정한 의미의 생활은 존재하지 않는다는 사실을 지적하면서 민족 문제도 이와 같다고 단언하였다. 그러한 의미에서 이시바시 단잔은 조선인들의 저항 문제를 해결하기 위한 근본 대책으로 '독립 자치'를 제시하고 일본 관헌과 일본인들의 반성하지 않는 태도를 신랄하게 비판하였다. 한편, 이러한 논조는 8월 5일자 「조선의 장래(朝鮮の将来)」라는 기사에서도 이어지고 있는데, 여전히 지속되고 있는 조선인의 독립에 대한 의지를 "무사히 수습하는 방책이 있다고 한다면 그것은 오로지 신속하게 자치를 부여하는 약속을 하는"(『東洋経済新報』, 1919. 8.) 것이라고 주장하고 있다.

위에서 살펴본 바와 같이 이시바시 단잔을 중심으로 하여 『동양경제신보』가 3·1운동을 바라보는 논조는 이 당시 어느 매체보다도 획기적인 측면을 가지고 있었다. 『동양경제신보』는 1895년에 창간된 경제 잡지인데, 역대 편집장의 면모를 모면 자유주의적이고 민본주의적 분위기가 매우 강한 언론매체였다. 특히 이 당시 편집장과 사장을 겸하고 있었던 미우라 데쓰타로(三浦銕太郎)는 1913년에 「대일본주의인가, 소일본주의인가(大日本主義か小日本主義か)」, 「만주 포기인가 군비 확장인가(満洲放棄か軍備拡張か)」 등의 기사를 통해 일본의 제국주의적 확장의 포기를 주장하는 이른바 '소일본주의'를 제창한다. 소일본주의란 군국주의와 전제정치를 중심축으로 하는 제국주의에 반대하며 오히려 일본 밖의 영토를 버리고 일본 본토를 중심으로 산업을 양성하고 나아가

자유주의와 개인주의를 확산시키는 데 그 목적이 있었다. 이러한 입장에 기초하여 미우라 데쓰타로는 일본이 만주 지역에 대한 일체의 이권을 포기하고 이른바 산둥(山東)반도의 이권 등 중국에 대한 21개조 요구사항도 철회해야 한다는 입장을 취하였다.

이렇듯이 『동양경제신보』는 이러한 취지에 입각하여 경제적으로는 자유주의 입장을 견지하면서 보통선거와 민본주의를 적극적으로 지지하면서 다이쇼기 데모크라시의 큰 역할을 담당하였다. 그리고 일본의 대외확장을 위해 지출하는 군비지출과 확장에 대해서도 지속적으로 견제를 하면서 이른바 경제와 무역 중심의 민주주의 국가를 이상으로 그리고 있었다. 이러한 입장에 서 있었기 때문에 3·1운동 발생 이후 곧바로 이 독립운동이 왜 일어날 수밖에 없었는지 객관적으로 원인 진단을 하고, 조선인의 민족적 저항을 근원적으로 해결하기 위해서는 왜 독립과 자치가 필요한지를 역설할 수 있었던 것이었다.

그의 이러한 입장은 그의 뒤를 이어 『동양경제신보』 편집장과 대표를 역임한 이시바시 단잔과 다카하시 가메키치(高橋亀吉)에게 계승된다. 특히, 이시바시 단잔은 이러한 '소일본주의'의 논리를 더욱 확장하여 일본이 조선이나 대만과 같은 식민지, 중국 구만주 지역과 사할린 지역에 대한 일체의 권리를 포기해야 한다고 선언하고 있는데 이는 아래에서 상세히 살펴보기로 한다.

이시바시 단잔의 소일본주의와 조선

이시바시 단잔은 니치렌슈(日蓮宗)의 승려로서 나중에 그의 부친이 이 종파의 최고 지도자까지 올라가는 집안에서 태어나, 와세다(早稲田)

대학을 졸업하였다. 그는 대학 졸업 후, 1908년 매일신문사(每日新聞社)에 들어가 언론인의 길을 걷기 시작하였다. 1911년 다시 동양경제신보사(東洋経済新報社)에 들어가는데, 그는 1924년과 25년에 각각 이 신문사의 주간과 대표이사를 역임하였다. 그는 일본의 대표적인 민간 경제학자로서 1930년대에는 정부 경제 관련 부서에서 경제 관료로 일하기도 하였고, 전후에는 경제수장인 대장성(大蔵省) 대신, 통상산업 대신, 우정(郵政) 대신을 역임하기도 하였다. 또한 정치인으로서 여러 번에 걸쳐 중의원 국회의원에 당선되었으며 1956년도에는 수상인 총리대신의 직위까지 올랐지만 급작스런 병으로 두 달 남짓 정도밖에 재임하지 못하였다. 그는 당시 일본 정계가 미국 추종론을 주장한 데에 대해서는 소련이나 중국과 관계를 정상화해야 한다는 입장을 견지하고 있었다. 다른 한편으로는 니치렌슈 종교재단이 만든 릿쇼(立正)대학 학장직도 오랫동안 수행한 교육자이기도 하였다.

앞에서도 설명했듯이 『동양경제신보』는 다이쇼 시대에 데모크라시 사조를 적극적으로 피력한 언론매체이기도 하였는데, 이시바시 단잔은 경제전문가의 입장에서 나아가 도덕적 입장에서 영토 확장을 도모해야 한다는 '대일본주의'를 하루빨리 버려야 한다고 적극 피력하였다.

> 예를 들어 만주를 버리고 산둥(山東)을 버리고 그 외에 중국이 우리나라로부터 받고 있다고 생각하는 일체의 압박을 버린다. 그 결과는 어떻게 되겠는가? 또한 예를 들어 조선에, 대만에 자유를 허용한다. 그 결과는 어떻게 되겠는가? 영국이든 미국이든 상당한 고경(苦境)에 빠

> 질 것이다. 왜냐하면 그들은 일본이 이와 같은 자유주의를 취하면 세계의 도덕적 위치를 유지할 수 없기 때문이다. 그 때에는 중국을 비롯하여 세계의 소약국은 일제히 우리나라를 향해 신뢰의 머리를 숙일 것이다. 인도, 이집트, 페르시아, 하이치 그 외의 열강 속령(屬領)지는 일제히 일본이 대만과 조선에 자유를 허용한 것처럼 우리들에게도 또한 자유를 허용하라고 떠들기 시작할 것이다.(『東京経済新報』, 1921. 7. 23.)

이 기사는 미국의 제안으로 이루어진 세계 최초의 군비축소 회담이었던 워싱턴회의(1921. 11.-22. 2.)를 앞두고 이시바시 단잔이 제안한 일본의 미래 방향에 대한 의견이었다. 제1차 세계대전 이후 평화주의와 자유주의 분위기 속에서 이시바시는 일본이 "조선이나 대만, 중국, 만주, 도는 시베리아, 사할린의 조그만 토지와 재산에 눈을 주고 그 보호와 수중에 넣는 일에만 급급하고 있"는 모습을 소욕(小欲)이라고 비판하였다. 이러한 견해는 오히려 일본이 먼저 동아시아지역의 식민지, 관할지, 이권 일체를 버리고 일본이 군비축소를 제안한다면 이 회의의 주도권을 가질 수 있을 것이며 열강 각국에 대해 도덕적인 우위에 설 수 있었을 것이라는 지론에 바탕한 것이었다. 그는 크게는 경제적인 관점, 다른 한편으로는 도덕적 관점에서 그 주장을 제기하였는데, 이는 뒤이어 「대일본주의의 환상(大日本主義の幻想)」이라는 글을 세 번 연속 게재하면서 그가 문제제기한 '소일본주의'의 당위성을 입증하고자 하였다.

「대일본주의의 환상」이라는 글에서 이시바시 단잔은 일본이 조선과 대만, 만주 지역과 시베리아 지역 등에 대한 지배와 이권을 유지해야 하는 이유가 '경제적, 국방적 자립'과 연관되며 열강이 모두 광활한 해외 식민지를 가지고 있는데 일본만 포기해야 한다는 것은 불공평하다는 지적에 대해 이는 환상에 지나지 않고 소욕이라며 배격하고자 하였다. 경제적, 통상적 관점에서 보았을 때 일본이 조선과 대만, 중국 관동주(關東州) 지역과 거래하고 있는 무역량이 미국과 인도, 영국 등과 거래하고 있는 교역량에 비하면 상당히 적은 편이라며 이들 식민지를 소유하고 지배할 하등의 이유가 없음을 논증하고자 하였다. 군사적으로는 실제 서양 열강들은 일본 본토 자체에 대해 불만이 아니라 오히려 일본이 관할하거나 이권을 취하려고 하는 해외 지역을 둘러싸고 견제를 하고 있기 때문에 일본이 이러한 지역의 이권을 포기한다면 외국의 군사적 위협은 사라질 것이라는 논리로 대일본주의를 비판하였다. 오히려 조선이나 만주, 중국, 시베리아, 사할린을 수중에 넣고 지배하고자 하는 일본의 작은 욕심이 더 큰 화근을 만들 수 있다는 논리였다.

더구나 이시바시 단잔은 현재 속국이 되어 있는 세계의 여러 나라들에서 '국민적 독립심'이 발달하고 있는 현상을 들어 앞으로 식민지 유지가 더욱 곤란해질 거라고 설명하고 있다. 일본의 경우도 "조선의 독립운동, 대만의 의회 개설운동, 중국 및 시베리아의 배일(排日)" 정서를 예로 들면서 이러한 저항의식을 경찰이나 군대의 압박만으로는 결코 해결할 수 없으며, 우리가 자진하여 그들의 자주를 허용할지, 아니면 훗날에 그들의 힘에 의해 지배권을 빼앗길지 두 길밖에는 남아있지 않음을 직시해야 한다고 촉구하였다.

나는 생각한다. 대만이든 조선이든 중국이든 빨리 일본이 자유해방의 정책으로 나온다면 이들 국민은 결코 일본에서 멀어지지 않을 것이다. 그들은 반드시 우러러보며 일본을 맹주로 하여 정치적으로 경제적으로 오랫동안 동일 국민과 같은 친밀함을 계속 유지할 것이다. 중국인, 대만인, 조선인의 감정은 정말로 그러하다. 그들은 단지 일본인이 백인과 하나가 되어 백인의 흉내를 내어 그들을 압박하고 제물로 삼으려고 하고 있는 점에 분개하고 있는 것이다. … 현명한 방책은 오로지 어떠한 형태로든 신속하게 조선과 대만을 해방하고 중국, 러시아에 대해 평화주의를 취하는 데 있다. 그래서 그들의 도덕적 후원을 얻는 데에 있다.(『東京経済新報』, 1921. 8. 6.)

이시바시 단잔의 '소아시아주의'는 기본적으로 일본이 식민지를 비롯하여 중국이나 시베리아 등 세력을 확장하는 것이 경제적으로도 도움이 되지 않을 뿐만 아니라 국가 안보에도 도움이 되지 않는다는 입장에서 출발하고 있다. 그러나 그는 19세기 이래 제국주의에 대한 근원적인 문제의식을 가지고 있었으며, 이러한 제국주의의 확장에 대해 일본이 먼저 식민지에 대한 해방 조치를 강구하고 중국과 러시아와는 평화주의에 입각해 선린 관계를 세워야 한다고 보았다. 이렇게 할 때만이 일본이 서양제국주의에 대해 도덕적 우위에 설 수 있으며, 서양이 지배하고 있는 수많은 식민지에서도 해방이 가능할 것이라고 낙관하고 있었다. 그리고 일본의 군비를 축소하고 자본을 확충함으로써 '소일본주의'에 입각한 자유무역이 오히려 일본에 더 커다란 부를 가져올 것이라고 확신하고 있었다.

『동양경제신보』는 1910년대부터 보통선거와 의회중심 정치를 지지하면서 자유주의에 입각한 논조를 보이고 있었다. 3·1운동 당시에는 조선총독부의 그릇된 통치방식을 강하게 비판하며 '독립 자치' 부여를 이른 시기에 주창하기도 하였다. 그러나 이러한 논조는 크게 보면 '소일본주의'를 통해 적극적인 평화주의를 지향하고 자유경제에 입각하여 새로운 일본을 모색하고자 한 지론과 불가분의 관계를 가지고 있었음을 알 수 있다. 그러나 역사의 방향은 이시바시 단잔의 주장과는 정반대로 진행되었다. 일본은 '간토대지진'이후 1925년 '치안유지법(治安維持法)' 제정으로 자유롭고 민본주의적인 사회 분위기는 퇴색하였으며 이후 철저하게 군국주의의 길을 걸어 1931년 만주사변, 1937년 중일전쟁, 1941년 태평양전쟁으로 이어지는 길고 긴 전쟁의 소용돌이를 일으켜 어두운 역사의 터널로 들어갔던 것이다. 그러한 선택이 동아시아와 동남아시아에 수많은 피해를 초래하였고 히로시마(広島)와 나가사키(長崎)에 원폭이 투하되어 수많은 희생자와 막대한 피해를 낳으며 패전으로 막을 내리게 되었다.

(3) 미학자 야나기 무네요시의 조선예술론과 3·1독립운동

야나기 무네요시와 3·1운동

1910년대 일본 최대의 문학예술잡지였던 『시라카바(白樺)』의 동인으로서 조선 미술공예의 독창적인 아름다움에 이끌려 수회에 걸쳐 조선을 방문하며 조선 미술공예와 인연을 맺고 있었던, 미학자이자 사상가인 야나기 무네요시(柳宗悅)는 조선인들의 3·1독립운동을 보고 단지 방관하고 있지만은 않았다.

> 우리들과 그 이웃사람 사이에 영원의 평화를 구하려고 하면 우리들의 마음을 사랑으로 깨끗이 하고 동정으로 따뜻하게 만드는 외에 길은 없다. 그러나 일본은 불행하게도 칼을 가하고 욕을 퍼부었다. 이것이 과연 상호의 이해를 낳고 협력을 다하고 결합을 완수하게 할 것인가? 아니 조선의 전 백성이 뼈 빠지게 느끼는 바는 한없는 원한이다. 반항이다. 증오이다. 분리이다. 독립이 그들의 이상이 되는 것은 필연적인 결과일 것이다. 그들이 일본을 사랑하지 못하는 것이야말로 자연스러우며, 존경할 수 있는 것이야말로 예외적이다.(柳宗悅, 1919)

이 인용문은 3·1독립운동이 일어나고 얼마 지나지 않은 시점인 5월 20일에서 24일에 걸쳐 일본의 메이저 언론인 『요미우리(読売)신문』에 「조선인을 생각한다(朝鮮人を想う)」라는 제목으로 조선 독립운동에 대한 자신의 의견을 적은 기사이다. 야나기 무네요시는 이 메이저 언론을 통해 3·1독립운동을 칼과 폭력으로 무자비하게 억압하고 그 동안 조선인을 차별대우했던 일본의 태도에 대해 전면적인 비판을 가하고 있다. 심지어 조선인들이 독립을 외치는 이유를 정확히 진단하고 그러한 움직임에 동감마저 표하고 있다. 이글은 영문으로도 번역되었으며, 1920년 4월에는 역시 독립운동 선언과 관련되어 투옥되었던 소설가 염상섭에 의해 번역되어 『동아일보』에 게재되어 조선인들 사이에 큰 반향을 일으켰다.

그가 이 글을 쓰게 된 배경은 3·1독립운동 이후 "일본 지식인이 어떠한 태도로 어떠한 생각을 말하는지를 주의 깊게 지켜보았지"만, "조선에 대해 경험과 지식이 있는 사람들의 사상 대부분이"현명하지도 않고 깊이나 따뜻함이 없다는 데 절망하고, 눈물을 흘리며 이웃나라 사람들에게 "애정"을 표현하기 위해서였다. 이 글에서 야나기 무네요시는 일본이 근대기 이후 중국과 러시아 다음으로 조선을 침탈하여 그들의 군대를 빼앗았으며, 그리하여 "우리들은 먼저 그들이 영원한 독립이 불가능하도록 하는 고정된 방법을 취하였다"며 일본의 한국 강제병합의 역사성에 대해서 의문을 제기한다. 식민지화 이후에도 조선인들의 자율성을 인정하지 않고 조선인을 위한 교육이 아니라 일본 자신들을 위한 도덕과 교육만을 조선인에게 요구하여 "물질 면에서도 정신적 면에서도 그들의 자유와 독립을 빼앗았다."고 신랄한 비판을 가하고 있다.

그리고 조선인에게 가해진 폭행과 욕설, 그리고 인신 구속을 문제시하며 반항하는 조선인들보다 이를 압박하는 일본인들이 더 아둔하며, 이러한 폭행은 절대 평화와 우정을 가져오지 않는다고 3·1독립운동 이후의 진압 과정에 대해서도 혹평을 가하였다. 이렇듯 3·1독립운동과 그 진압 과정을 지켜본 야나기 무네요시는 일본이 조선의 독립을 빼앗고 식민지화해 간 역사, 그리고 그 이후 조선을 통치한 방식, 그리고 그들의 정당한 요구를 칼과 총으로 진압하는 행위에 대해 전반적으로 이의를 제기하였다.

그렇다고 한다면, 야나기 무네요시가 이렇게 일본의 태도를 문제시하여 비판을 가하고 조선인들의 입장을 옹호하고 그들의 입장을 동정하게 된 동력은 무엇일까? 이는 다음의 글이 잘 보여준다.

> 나는 앞에서도 말했듯이 조선에 대해 어떤 학식도 가지지 못하였지만, 다행히도 나는 그 예술에 나타난 조선인들 마음의 요구를 음미함

으로써 충분한 정애(情愛)를 가지고 있는 한 사람이다. 나는 자주 생각하지만 어느 나라의 사람이 다른 나라를 이해하는 가장 깊은 길은 과학이나 정치상의 지식이 아니라 종교와 예술적인 내면의 이해라고 생각한다. … 일본의 고미술은 조선의 은혜를 입었다. 법륭사와 나라(奈良)의 박물관을 방문하는 사람들은 그 사실을 충분히 알고 있다. 우리들이 지금 국보로서 해외에 자랑하는 것은 대부분 중국과 조선의 은총을 받았다. 그런데 오늘날 일본은 적어도 고유한 조선예술의 파괴를 통해 이를 대갚음하고 있다. … 이것이 소위 동화(同化)의 길이라면 그것은 끔찍한 동화이다. 나는 세계예술에 훌륭한 위치를 점하는 조선의 명예를 보류(保留)하는 것이 일본이 행해야 할 정당한 인도라 생각한다.(柳宗悦, 1919)

이렇듯 야나기 무네요시가 3·1독립운동을 즈음하여 일본의 일방적인 동화정책의 문제점을 지적하며, 조선과 조선인을 옹호하는 원동력은 그가 보아왔던 조선의 미술공예나 예술, 문화에 관한 이해에서 온 것이었다. 그렇기 때문에 조선을 통치하려고 일본이 군인과 정치가를 보낸 현실을 부정하고 진정한 예술과 종교적 이해에 바탕한 정애의 마음을 강조하고 있다.

야나기 무네요시와 조선 공예

야나기 무네요시가 조선의 미술공예를 접하고 조선 예술의 우수성을 발견하게 된 것은 조선 경성에서 초등학교 교사로 근무하면서 조선 도자기 수집과 조사를 하였던 아사카와 노리타카(淺川伯教)가 지바현

(千葉県) 아비코(我孫子)에 있었던 야나기 무네요시를 방문한 것이 그 계기였다. 당시 야나기 무네요시는 로댕이 『시라카바』 동인들에게 보낸 조각품을 가지고 있었는데, 조각 창작에 관심이 많았던 아사카와 노리타카는 1914년 9월 로댕의 조각을 보기 위해 야나기 무네요시의 자택을 방문하면서 노리타카는 조선백자인 '청화백자 추초무늬 모따기 항아리(青華秋草紋面取壺)'를 선물로 가지고 왔다. 이것이 바로 야나기 무네요시와 조선백자와의 직접적인 만남이었는데 그는 노리타카가 가져온 조선백자에 강한 인상을 받고 이때 조선의 미술공예에 마음이 크게 끌렸다고 밝히고 있다.

야나기 무네요시는 해군 소장이자 귀족원 의원이었던 야나기 나라요시(柳楢悦)의 셋째아들로 태어나 명문가 자제들이 주로 다녔던 가쿠슈인(学習院) 고등과를 나와 도쿄제국대학 철학과를 다녔다. 야나기 무네요시는 이 가쿠슈인에서 만난 명문가 자제들이 창간하고 다이쇼기 문예·미술 분야에서 상당한 발신력을 가졌던 『시라카바』의 중심 멤버였으며, 일본 내에서 상당한 언로를 가지고 있던 인물이다. 무네요시는 원래 서양 미술이나 서양 미학에 큰 관심을 가지고 있었으며 1910년 4월에 창간된 문예 잡지 『시라카바』도 로댕이나 폴 세잔 등, 서양의 조각과 미술을 일본에 활발하게 소개하였다. 그런데 아사카와 노리타카의 방문은 야나기 무네요시가 조선 도자기의 우수성을 자각하고 조선을 방문하여 조선의 미를 연구하는 직접적인 계기가 되었다. 야나기 무네요시는 1916년에 조선에 건너와 아사카와 노리타카와 함께 골동품 가게나 조선의 문화유적이나 도요지 등을 찾아다니는데 이때 조선 문화의 또 다른 공명자인 노리타가의 동생 아사카와 다쿠미(浅川巧)와 만나게 된다.

이렇게 야나기 무네요시는 조선 백자와 조선문화를 접하고 나서 서양미술이나 조각에 가졌던 관심을 크게 전환하여 조선 미술공예와 동양미술을 지향하게 된다. 그러던 차에 3·1독립운동을 지켜보고 조선인의 행동에 공명하고 있다는 목소리를 내야 한다고 결심하면서 그는 조선문화와 관련한 구체적인 행동을 전개하게 된다. 앞의 「조선인을 생각한다」라는 글은 그가 발표한 조선에 관한 최초의 글인데, 그 실천적 작업이 바로 조선 미술공예와 예술을 적극적으로 소개하여 조선의 미술공예와 문화의 가치를 널리 알리는 일이었다. 이전까지 주로 서양미술을 소개하던 『시라카바』가 1919년 7월호에 처음으로 동양의 그림을 삽화로 선택하게 되며, 1920년 2월호에서는 그 두 번째 기획으로 무네요시가 조선의 미륵상을 『시라카바』의 삽화로 추천하여 이를 게재한다. 야나기 무네요시는 「이번 달의 삽화에 대해」라는 글에서 "이들의 작품은 실로 조선의 명예를 말하는 영원한 걸작이라고 생각한다. 어느 비평가는 중국의 예술과 대비하여 조선 예술의 독립을 의심하는 것 같지만 그러나 이것은 미에 대한 통찰이 없는 비평이다"(柳宗悦, 1920)라고 지적하면서 조선 도자기나 조선 예술에 대한 독창성과 그 미적 가치를 강하게 어필하고자 하였다.

이러한 행동의 후속 작업으로 야나기 무네요시는 1922년 9월에 『시라카바』에 아사카와 노리타카와 다쿠미의 글을 포함하여 '조선 도자기 특집호'를 편집한다. 그는 이 잡지에 '조선 도자기 특집호'를 낸 것은 "이조의 도자기가 중국 영향 이외에 독보적 가치를 가지지 못한다는 조잡한 개념을 정정하"기 위해, "이조는 말기이며 완전히 타락하여 도자기도 거의 볼만한 것이 없다는 무모한 단정을 타파하"기 위해, 나아가 "이조의 도자기에 대한 우리들의 존경의 표시일 뿐만 아니라 그 민족에 대한 정애(情愛)"(柳宗悅, 1922②)를 피력하기 위해서였다. 이 당시만 하더라도 일본에서는 여전히 조선의 도자기 작품에 대해 그다지 높은 가치를 인정하지 않고 악평을 거듭하는 상황이었는데 무네요시는 이런 잘못된 인식을 극복하기 위해 이 특집호를 마련했던 것이다. 이 『시라카바』의 특집호로 인해 조선의 도자기는 일본 내에서 공식적이고 학술적인 가치부여가 가능해졌고 많은 이들에게 조선 도자기의 미적 가치를 널리 알리는 계기가 되었음은 두말할 나위가 없다.

야나기 무네요시의 광화문 철거 반대 운동

3·1독립운동 이후 조선의 미술공예와 전통문화와 관련된 일련의 작업을 거듭하면서 야나기 무네요시는 조선의 문화유적의 보전을 위해서도 적극적인 의사를 개진하였다. 그 대표적인 사례가 '광화문' 철거 반대 의견이다.

> 광화문이여, 광화문이여, 너의 목숨이 이제 경각에 이르려 하고 있다. 네가 이전에 이 세상에 있었다고 하는 기억이 차가운 망각 속에 덮여 버려지려 하고 있다. 어쩌면 좋단 말인가. 나는 당혹스럽구나. 엄청난 정과 무정한 망치가 너의 몸을 조금씩 파괴하기 시작하는 날은 이제 멀지 않았다. 이 일을 생각하여 몹시 걱정하는 사람은 틀림없이 많다. 그렇지만 아무도 너를 구원하는 일은 불가능하다. 불행하게도 구할 수 있는 사람은 너를 슬퍼하고 있는 사람은 아니다. 아직 세상은 모

순의 시대다. … 그러나 지금 너를 죽음에서 구하려고 하는 자는 반역죄로 처벌받는다. 너를 숙지하고 있는 자는 발언의 자유를 얻고 싶은 것이다.(柳宗悅, 1922 ①)

경복궁 내에 1918년에서 26년에 걸쳐 조선총독부 건물을 세웠는데 그 과정에서 총독부는 경복궁의 정문인 광화문을 철거하여 조선의 왕궁을 크게 훼손시키고자 하였다. 그러나 이러한 움직임에 분개한 무네요시는 이 글 「사라지려고 하는 한 조선 건축을 위해」라는 글을 1922년 9월 『개조(改造)』에 게재하고 이러한 조치에 강력하게 항의하였다. 이 문장은 영어와 조선어로도 번역되는데 무네요시의 회상에 따르면 이 글로 인해 일본 내에서 위험인물로 각인되어 경찰이 그를 따라다닐 정도였다고 술회하였다.

그러나 3·1독립운동을 무자비하게 탄압한 식민지 당국자와 조선인을 무시하고 차별해 온 일본에 대한 항의, 그리고 광화문 철거에 대한 반대 운동은 일본에 유학 와 있던 조선인들, 그리고 조선 내 지식인들의 지지를 받고 야나기 무네요시는 특히 조선 문학자들과 상당한 교유관계를 맺게 된다. 조선의 전통문화에 대한 야나기 무네요시의 이러한 노력은 결국 1924년에 경복궁 내에 '조선민족미술관(朝鮮民族美術館)'을 설립으로 그 결실을 맺는다. 이 미술관이 개설되는 데 당시 조선총독부는 '民族'이라는 두 글자에 반감을 가지고 이를 뺄 것을 요구했고 그럴 경우 미술관 설립에 필요한 지원금을 주겠다고 회유했다. 그러나 이들에게 있어서 조선민족의 미술공예를 전시하는 미술관을 개관하는 데 '民族'이라는 글자를 빼는 것은 상상할 수 없는 일이었다(浜口

良光, 1961). 이 미술관은 한반도 최초의 미술관으로서 조선 공예미술의 보전과 조선공예의 우수성을 널리 알린 것이 가장 두드러진 활동으로, 이는 조선 미술공예사에서 획기적인 사건이라 할 수 있다. 조선의 도자기를 비롯해 조선 문화를 이해하는 일본인의 패러다임을 바꾸게 하는 결정적 계기가 되었다고 해도 과언이 아닐 것이다.

일본은 19세기 후반 이후 동아시아에서 정치적, 군사적, 경제적 힘을 바탕으로 하여 오키나와(沖縄)를 자국으로 완전히 편입시켰으며, 청일전쟁과 러일전쟁에서 중국과 러시아를 제압하고 대만과 조선을 식민지로 복속시킨 뒤 중국의 만주 지역으로 향했다. 이때 일본은 식민지화를 위한 다양한 논리를 만들었는데, 그중에서 가장 대표적인 논리가 바로 모든 민족을 우수한 문명과 열등한 야만으로 이분화하는 것이었다. 그렇게 하여 우수한 문명사회가 열등한 미개사회를 정복하고 교화해야 한다는 식으로 침략과 지배를 정당화했다. 이 과정에서 근대 일본은 삼국시대와 고려시대 전기를 제외하면 한반도에는 독창적이고 뛰어난 예술, 문화, 문학이 존재하지 않으며 조선의 모든 문화는 중국의 아류에 지나지 않는다는 이른바 조선 예술문화 부재론을 제기하였다.

그러나 야나기 무네요시의 활동을 통해 보았듯이 3·1독립운동을 계기로 양심적인 일본 지식인들은 조선의 어두운 현실을 돌아보고 조선의 전통문화의 예술적 가치를 새롭게 발견하게 된다. 조선 문화 자체를 열등시하던 시대에 이들은 조선 도자기와 미술공예를 통해 그 예술적, 문화적 가치를 체계화하여 널리 알리려 했으며 1920년대에는 조선시대 도자기의 붐을 일으키게 된다. 나아가 한반도에 거주하던 재조일본인들도 야나기 무네요시의 이러한 활동과 상호 영향을 주고받으면서, 그동안 조선 예술과 전통문화의 가치를 폄훼하고 무시하였던 자세에서 일전하여 커다란 관점의 변화를 초래하게 된다. 이는 경성에서 교사를 하던 한 재조일본인이 "나는 또 부산의 등화(燈火)를 보고 상륙해서 경성에 살고 이미 1년이 지났다. 게다가 그들 조선인들과 점점 친해지고 그들이 그립다. 사람들의 마음이 담긴 고건축, 고자기, 이것들을 보고 그들에 접할 때 그들에 대한 애경(愛敬)이 샘솟고 연정(憐情)이 일어난다"(藤島亥治郎, 1924)고 말하는 문장이 잘 보여주듯이, 1920년대는 조선과 조선인, 혹은 조선의 고유문화와 풍물에 애정을 담아 이를 내면화하는 담론이 본격화되는 시기이기도 하다. 1920년대 일본인들이 조선문화와 예술을 바라보는 시각에 변화를 초래한 것도 3·1운동과 그 이후의 문화통치와 밀접한 연관을 가지고 있다. 이는 3·1독립운동이 정치적인 또는 역사적인 행위였을 뿐만 아니라, 조선의 예술이나 문화를 바라보는 인식에 새로운 변화를 가져온 일대 사건이었다고 해도 과언이 아니다.

3장

일본문학 속의 3·1독립운동

그 무렵은 남북의 칸막이가 없고
백의 사람들은 하나의 굴레를 뽑아내려고 하였다…
눈 안에서 포효(咆哮)가 분출하고 있었다.
검은 갓과 흰 두루마기는 이 나라 남자들의 정장
정장은 굳센 혼의 행진이었다…
어둡고 깊은 아픔의 끄트러기를 꽉 깨물었다.
"만세"를 외치고
버드나무처럼 흔들리는 손
그 손에서 손으로
기도가 무지개가 되어 떠올랐다.
흰 행렬을 잊을 수 없다.(秋野さち子, 1982)

이 인용문은 아키노 사치코(秋野さち子)라는 여류시인이 여섯 살의 어린 나이에 한반도 북쪽 지역에 살면서 경험하였던 3·1독립운동의 기억을 쓴 「버드나무처럼 흔들리는 손(楊柳のようにゆれた手)」이라는 시(詩)이다.

아키노 사치코는 1912년 식민지였던 조선의 북부 지역에서 태어나 1930년에 창간된 시잡지 『밀랍인형(蝋人形)』의 동인으로 활약하면서 『하얀 바람(白い風)』(1954), 『색이 없는 바람(色のない風)』(1976), 『시간의 둔치를(時の渚を)』(1987) 등 여러 편의 시집과 산문집을 간행한 여류작가이다. 이 시는 어린 시절 식민지 조선에서 경험한 체험을 모티브로 한 여러 편의 시와 더불어 『북국의 눈(北国の雪)』(國文社, 1982)이라는 시집에 수록되어 있는 작품이다.

시의 모두 부분에 "1919년 3월 1일 조선 전도(全道)에 독립운동(만세사건)이 일어났다"라는 설명이 붙어 있는 이 시는, 3·1운동 당시 만세소리와 조선인들의 흔들리는 손동작이 작가의 어린 시절의 눈에 선명하게 각인되어, 그로부터 63년의 시간이 지나고 이 시로 형상화되었다. 먼저 하얀 두루마기를 입고 갓을 한 사람들의 만세시위 행렬이 지나가고 노인들과 아이를 업은 여성들도 섞여 있는 두 번째 행렬이 지나가면서 만세를 외치는 "손에서 손으로 무지개가 걸"려 있다고 작가는 기억하였다. 성천(成川)이라는 지역의 상냥한 사람들에 대한 그리움을 간직하고 있는 작가는 이 만세시위로부터 굳은 혼의 행진을 보고 독립에 대한 염원이 무지개가 되어 떠오르고 있음을 보았던 것이다.

일본문학에서 3·1운동을 제재로 하여 이를 정면으로 다룬 작품은 결코 많다고 할 수는 없다. 그러나 위에서 보듯이 3·1운동이 일어나고 상당히 시간이 지났음에도 이 만세시위를 기억하고 이를 문학적으로 형상화하려는 시도는 여러 편이 시도되었다. 이 장에서는 3·1운동 때 만세시위 운동에 참여한 어린 딸이 관헌의 칼에 베여 희생되고 경성에서 멀리 떨어진 국경지역에서 항일 저항운동을 이끌고 있는 노인을 테마로 한, 나카니시 이노스케의 「불령선인」, 식민자 2세 작가인 고바야시 마사루가 3·1운동에 대해 당시 한반도에 거주한 일본인들의 움직임을 그린 「조선·메이지 52년」, 조선 여인들의 동학농민운동과 3·1운동의 경험을 그린 스미 게이코의 『조선의 여인』이라는 작품을 검토하기로 한다. 이를 통해 각각의 작품에서 3·1운동이 어떻게 형상화되고 있는지, 이 일본문학 속에서 3·1운동이 가지는 의미는 무엇인지를 생각해 보도록 한다.

(1) 3·1운동과 불령선인: 나카니시 이노스케(中西伊之助)의 「불령선인(不逞鮮人)」

3·1운동과 '불령선인'

나카니시 이노스케의 「불령선인(不逞鮮人)」은 3·1독립운동이 일어나고 3년 정도의 시간이 지난 1922년 5월 초를 시간적 배경으로 하고 있다. 이 작품의 제목이 나타내듯이 '불령선인'은 3·1독립운동 이후 일본의 식민지 지배에 저항하거나 그러한 사상을 가진 조선인을 위험시하고 불법성과 폭력성을 강조하기 위해 일본 당국과 조선총독부, 나아가 주류언론에서 폭넓게 사용된 말이다. 이 작품은 이러한 조선인을 전면적으로 소재로 포착하여 '불령선인'의 실상을 묘사한 소설이다.

그렇지만 엄밀히 말하면 이 소설은 3·1독립운동과 그 와중에 한 조선인 여학생이 만세운동 중에 일본의 관헌에 의해 희생되는 이야기가 소설 스토리 전개의 출발점이 되고 있다.

> 수년 전에 이 나라에서 어느 민중운동이 일어나 결국 커다란 소요의 소용돌이를 일으켰을 때, 아직 그저 여학교의 학생이었던 그 사람의 딸은 젊은 여자이면서도 그 무서운 소용돌이 안으로 들어가 죽어버렸다. 딸을 잃은 부친은 곧바로 경성 생활을 걷어치우고 시골에 틀어박

혔다고 한다. 그 사람은 지금은 배일(排日) 조선인단의 수괴로 지목되고 있었다. 이제부터 에이사쿠(栄作)가 가려고 하는 그 지방은 그러한 단체가 여러 개나 있어서 항상 불온한 정보를 전하고는 인심을 전율시키고 있었다.(中西伊之助, 1922)

이 소설은 주인공 우스이 에이사쿠(碓井栄作)가 대학동창인 홍희계(洪凞桂)의 소개로 "위험을 무릅쓰고 이 나라의 서북부를 근거지로 하고 있는 이른바 불령선인의 소굴에 들어가 그들과 마음으로부터 이야기해 보고 싶다는" 생각에서 조선의 접경지역을 방문하는 이야기이다. 그런데 여기에서 "배일" 즉 반일 조선인단의 수괴가 바로 홍희계가 결혼하기로 약속한 여학교 학생의 아버지이며, 그녀는 3·1운동에 나섰다가 일본 관헌의 서양 검으로 두 번에 걸쳐 베여 죽음을 당하였다. 이 조선인이 조선 서북부의 국경지역에서 일본에 대한 저항운동을 하게 된 배경에는 바로 3·1운동 당시 20세 젊은 딸의 처절한 죽음이 있었던 것이다.

에이사쿠가 방문한 국경지역의 이른바 불령선인 수괴는 그의 딸이 만세운동에 나섰다 죽음을 맞았던 당시 입고 있었던 '저고리'를 소중하게 보관하고 있었다. 그는 에이사쿠와 대화를 나누다 소중하게 간직하고 있었던 딸의 저고리를 떨리는 손으로 보여주었다. 그 저고리는 두 군데나 서양 검에 찔린 자리와 혈흔이 선연히 스며들어 있었다. 3년이라는 세월이 지났지만 그의 기억은 3·1운동 당시 관헌의 총검에 쓰러진 딸의 피 묻은 저고리와 여전히 함께 하고 있었던 것이다.

작품 속에는 그가 3·1운동 이후에 어떻게 항일운동을 했는지는 상세하게 서술되어 있지는 않았다. 그렇지만 기차역에 내려 에이사쿠가 통역관과 더불어 '불령선인'의 '수괴'가 사는 마을로 향하던 중 통역관이 "이 산부터 저쪽이 불령선인단의 근거지"이며 "이 산을 경계로 하여 경찰대와 불령선인이 싸웠다."는 대사를 보면 그는 그곳의 여러 단체와 더불어 분명 항일운동을 전개하였으며, 이러한 연유에서 그는 '불령선인'이라는 낙인이 찍힌 인물임은 틀림없는 사실이다. 그리고 그곳은 "철포(鐵砲)로 살해당한 조선인이 상당히 묻혀 있으"며, 여러 번에 걸쳐 "저 두려운 학살이 행해졌"다는 서술을 보면 조선인의 항쟁과 일본 관헌의 무자비한 학살이 거듭되었던 사실을 확인할 수 있다. 이렇게 3·1운동 당시 딸의 비참한 최후를 경험하고 그는 이른바 일본에 저항하여 '불령선인'이 되어 한반도의 접경 지역에서 항일투쟁을 지속하고 있었던 셈이다.

6장에서 상세하게 살펴보겠지만 3·1운동 이후 조선총독부와 일본의 주류언론은 국내와 해외 독립운동 단체나 개인, 그리고 이러한 사상을 가지고 있는 조선인에 대해 '불령선인'이라는 낙인을 통해 조선인을 불법적이고 폭력적인 이미지를 만들며 이들을 위험시하면서 탄압하고 있었다.

작가 나카니시 이노스케와 식민지 조선

3·1독립운동을 앞 배경으로 하고 이후 조선인에 대해 덧씌워진 '불령선인'이라는 이미지를 테마로 한 「불령선인」은 나카니시 이노스케(1887-1958)가 1922년 9월 『개조(改造)』에 발표한 소설이다. 이 소설은

3·1운동을 소재로 하고 있었기 때문에 불령선인의 딸이 일본의 관헌에 의해 살해되는 장면 39글자에 대해서는 검열로 인해 복자(伏字) 처리된 채 발표되었다.

나카니스 이노스케는 교토(京都) 우치(宇治)에서 반 소작농의 아들로 태어나 부모와 일찍 헤어지고 외할머니 아래에서 자랐다. 14, 5세까지는 농업을 하였고 우지가 도시화되어 철도가 부설되자 소작하던 농지를 잃게 된 후에는 철도 기관차 청소부, 육군화약 제조공장 직공 등으로 노동생활을 하면서 독학을 하였다. 17살 때 독실한 기독교 신자가 되어 1905년 19살 때 도쿄로 이주하여 고학을 한 끝에 다이세이(大成) 중학에 편입하였으며 러일전쟁 종전 반대 데모에도 참여하였다. 그러나 21세 때까지는 차부, 신문팔이, 꼬치가게 등에서 노동을 하면서 고학을 이어갔다. 그는 도쿄로 이주하였을 때부터 사회주의에 공명하기 시작하여 일본사회당 결성에도 관심을 보이기도 하였다.

군대를 다녀 온 이후인 1911년 24세 때 조선으로 건너가 다음 해 『평양일일신문(平壤日日新聞)』 기자가 되어 데라우치(寺內) 총독을 비판하거나 노동자들을 착취하는 광산 자본가를 비판하는 기사를 게재하기도 하였다. 그러나 이 기사로 인해 신용훼손죄로 신문사는 문을 닫고 나카니시는 4개월간 투옥되었다. 옥고를 치른 후에는 중국으로 건너가 한때 남만주철도 주식회사에 들어갔다가 다시 도쿄로 돌아와 추오(中央)대학과 와세다(早稲田)대학을 다녔으나 모두 중퇴를 하고 『철도신보(鐵道新報)』, 『시사신보(時事新報)』의 기자 생활을 하다가 본격적으로 사회주의를 학습하고 노동운동에 참여하였다. 1919년 10월과 이듬해 2월에 도쿄시영(市營) 전차 파업을 주도하여 투옥되기도 하였다. 이후

그는 프롤레타리아 문학에 적극적으로 참여하여 1923년『씨뿌리는 사람(種蒔く人)』,『문예전선(文芸戦線)』의 동인이 되었다. 나카니시는 1928년에는 무산대중당(無産大衆黨)의 위원장을 맡기도 하고 일본 패전 후에는 일본공산당에 입당하여 중의원(衆議院) 국회의원을 지내기도 하였다. 나카니시 이노스케는 일본에서 프롤레타리아 문학운동의 열기가 고양하는 가운데 1918년에 단편「젊은 개혁자(若き改革者)」로 데뷔하였는데, 나중에 이를 추가 가필하여 쓴 최초의 장편소설『붉은 흙에 움트는 것(赫土に芽ぐむもの)』(1922)으로 프롤레타리아 소설가로 일약 유명해졌다. 이 소설은 그가 평양에서 신문기자를 하면서 겪었던 체험을 바탕으로 하고 있는데, 한일강제합병 후 조선을 무대로 하여 조선인 김기호의 비극을 통해 피압박민족 조선인의 고뇌와 비참한 현실을 고발한 소설이다. 나카니시는 같은 해 역시 조선을 무대로 한「불령선인」을 창작하고, 1923년에는 장편소설『너희들의 배후에서(汝等の背後より)』를 발표하였다. 나카니시 이노스케는 식민지 조선과 조선인에 대해 무한한 애정을 가지고 있었다. 1924년『요미우리신문(読売新聞)』에「조선 문학에 대해(朝鮮文学に就て)」라는 글을 게재하고, 새롭게 태동하고 있는 조선 문학에 대해 "그것은 명백히 인간의 혼의 고민을 외치는 거무스름한 힘의 문학이다. 인간 혼의 완전한 해방을 요구해 마지않는다. 반역의 문학이지 않으면 안 된다."(中西伊之助, 1924) 고 말하였다. 그리고 그 해 8월 경성에서 개최되는 조선 학생들의 하기 강습회에 초청을 받았지만 관헌의 압박으로 참석하지 못함을 애석해 하면서 조선인과 조선인 학생들에게 무한한 신뢰와 애정을 표현하고 있다. 그는 이 시기에 쓴 작품에서도 조선에 대한 애정을 그대로 드러내고 있는데,

장편소설인 『너희들의 배후에서』에서는 국경을 넘어 국내로 들어와 일본 경찰을 총으로 쏘아 죽이는 대담한 조선의 여성 독립운동가를 그려내어 독자들에게 큰 반향을 불렀다. 나카니시는 한국에서 2017년에 개봉한 영화 『박열』에도 등장하는데 그는 다방면에 걸쳐 조선인들과 교류하며 일본의 조선 지배를 비판하곤 하였다.

문명과 야만의 이율배반 — 겸허한 불령선인

에이사쿠가 '불령선인'을 만나서 마음으로부터 그와 이야기를 나누어보겠다는 계획을 이야기했을 때, 그의 친구들은 모두 이번 여행 계획이 "무모"하다고 충고하였다. 그럴 정도로 불령선인을 만나는 것, 그리고 그러한 지역으로 들어가는 것 자체가 당시 조선에 살고 있었던 일본인에게는 위험시되었던 일이었다. 작품의 모두에서 기차가 목적지의 작은 역에 도착했을 때, 꾸벅꾸벅 앉아서 졸고 있던 에이사쿠는 창밖을 내다보고 "언젠가 이 선(線)에서는 갑자기 폭도가 진행 중인 기차를 습격하여 마음대로 약탈을 했다고 하는 일을 들었기 때문에" 또 그런 일이 생긴 건 아닐까 생각하고 매우 불안해한다. 그리고 기차에서 내려 일본인 역장과 헤어져 길을 걸어가면서 끊임없이 "신경 과민한 듯한 불안"을 느끼고 저 산 넘어가 불령선인의 근거지라는 통역관의 이야기를 듣고 "드디어 여기부터가 위험지대이군."이라는 말을 자신도 모르게 내뱉는다. 선의를 가지고 찾아가는 에이사쿠조차도 이렇게 표현하듯이 이 당시 일본인들에게 '불령선인'이란 매우 위험하고 불안한 존재로 인식되고 있었다.

그러나 에이사쿠는 그 불령선인의 수괴인 노인과 만나서 그가 정성

껏 음식과 술을 내어주고 그의 친척도 불러 함께 자리를 만들어 마음으로부터 진정한 대화를 나누고 "따뜻한 정서"를 느끼며 이러한 불안은 어느 정도 불식된다. '불령선인'의 '수괴'인 그 노인은 딸의 비참한 최후와 그녀가 남긴 피 묻은 저고리를 에이사쿠에게 보여줄 때는 손도 목소리도 떨렸지만 본래 의지가 매우 강한 스타일이었다. 그는 결코 집안에 일본의 물품을 사용하지 않았으며, 당시 조선에서 조선인이나 일본인이 일본과 일본인에 대해 호칭하였던 '내지(內地)'나 '내지인(內地人)'이라는 말은 결코 사용하지 않았다. 그 노인은 이렇듯 단어 선택의 면에서도 일본과 조선을 중심과 주변으로 인식하게 만드는 '내지'와 '외지(外地)'의 관계, 또는 식민지 종주국과 피식민지의 관계를 부정하였고, 당연히 외국 '일본'과 외국인 '일본인'이라는 호칭 속에 두 나라 관계를 설정하고자 하였다.

에이사쿠는 통역관을 대동하고 '불령선인'의 마을을 방문하였지만, 그는 노인과 대화를 나눌 때 일본어를 사용한다. 그 노인은 딸을 관헌의 총검으로 잃기 전까지는 경성에서 거주하였으며, 그곳에서 수많은 일본인과 교제를 하였고 연수차 일본을 방문한 적도 있었다.

"일본인은 문명은 대단히 좋다고 말하죠?"
"예, 보통은 그렇게 말들 합니다."
"내가 경성에 있었을 무렵, 일본인의 연회에 초대받아 갔을 때에는 언제나 그것을 말했습니다."
"과연, 그럴 테지요."
"그리고 내가 일본을 시찰했을 때도 어디든 그렇게 말했습니다." …

"아니요, 나는 지금의 문명을 결코 행복하다고는 느끼고 있지 않습니다. 가령 타인들이 아무리 행복하다고 선전하더라도 자신이 행복하다고 믿을 수 없기 때문입니다. 행복이란 결국 자신의 느낌이므로, 문명이든 야만이든 타인이 어떻게 말하든 자신이 행복하다고 느낀 때가 진정한 행복입니다." …

"그래요, 나도 그렇게 생각합니다. 나는 딸이 죽었을 때, 정말로 그렇게 생각했습니다."

이 대화는 '불령선인' 노인이 일본인이 항상 선전하고 있는 '문명'에 대해 에이사쿠와 대화를 나누는 장면이다. 여기서 일본인이 언제나 말하는 '문명'이란 그 대개념으로 '야만'이 있으며, 20세기에 들어와 '야만'인 조선을 개화시키기 위해 '문명' 일본이 조선을 보호하고 식민지화해야 한다는 논리를 상징하고 있다. 그리고 한 개인이나 한 민족은 자신의 행복을 타자가 규정하는 틀에 묶여 느끼는 것이 아니라 자신이나 그 민족이 그렇게 느꼈을 때 진정으로 '행복'을 느낀다고 지적하며, 조선은 결코 일본이 제시한 문명의 논리로 행복함을 가질 수 없음을 비판하고 있다. 이곳에 바로 식민지 종주국인 일본의 '문명'이 결코 피식민지 조선에 정답이 될 수 없으며 자신의 '행복'은 스스로 결정해나가야 한다는 주장을 피력하고 있다.

이렇듯 이 소설에서는 제국 일본에 의해 일방적인 방향으로 제시된 모든 세계관도 부정된다. 오히려 '불령선인'에 대해 주인공 자신이 가지고 있었던 지금까지의 이미지마저 잃어버린다.

이런 노인이 매우 다기한 인생의 배경 속에서 어느 사람들은 그를 악마가 함부로 날뛰는 것처럼 보고 있다고는 아무리 해도 느낄 수 없었다. 그는 문득 이 소박함이 강의(剛毅)함을 낳고 있다고 생각했다. 자아에게 강인한 것이 그대로 소박하다고도 생각하였다. 인간에게 만약에 진보가 있다고 한다면 이 소박함만이 그것을 촉진할 것이라고 생각했다. 혁명가는 모두 소박하다고 생각했다.

대화를 통해 서로의 마음을 확인한 에이사쿠는 그 노인에 대해 "뭐라고 말할 수 없는 소박한 기분"이 들었으며, 세상 사람들이 불령선인을 바라보는 시각, 즉 마구 날뛰는 '악마'라는 느낌은 도저히 있을 수 없다고 생각하였다. 이러한 소박함이 바로 노인의 강인함을 낳고 있으며 그러한 자아를 가지고 있는 노인에 대해 혁명가의 전형을 보고 있었던 셈이다.

그러면서 그는 "여기가 과연 자신이 상상해온 이른바 불령선인의 수괴 집일까라고" 의심도 하고, "지금까지 상상과 현실에 간격이 너무 과도하다. 이런 곳에서 저런 사람들이 어째서 피비린내 나는 처참한 박해를 일본인에게 가했는지조차 이해하기 어려운 수수께끼다."라고 혼자 생각에 잠겼다. 이렇듯이 나카니시는 이 작품을 통해 지금까지 들어서 알고 있던, 또는 주인공 에이사쿠가 상상하고 있었던 '불령선인'이 실제 현실과는 너무나 커다란 차이가 있음을 상기시키고 있다. 나카니시 이노스케는 1922년의 「불령선인」이라는 작품에서 소박하면서도 겸손한, 그러나 강인한 의지를 가지고 있는 이 노인을 통해 기존의 위험하고 불온한 '불령선인'이라는 이미지가 잘못되었다는 근거를 제시하고자 하였다. 그럼에도 불구하고 불온하고 폭력적이며 느닷없이 출몰하여 방화나 습격을 가하는 '불령선인'의 이미지는 당시 일본인들에게 상당한 영향을 주었고 이러한 이미지로 인해 1923년 9월 1일 간토(關東) 대지진 당시 느닷없는 조선인 학살 사건으로 비화하게 된다.

> "야, 어젯밤은 매우 실례했습니다."
>
> 주인은 두 사람의 모습을 바라보자 곧바로 이렇게 말하고 맑은 눈을 빛내며 인사를 하였다.
>
> "참으로 어젯밤은 대단히 신세를 졌습니다…."
>
> 라고, 에이사쿠는 마음으로부터 감사의 인사를 말하고 정중하게 주인 앞에서 고개를 숙였다. 그러자 갑자기 그는 눈꺼풀이 뜨거워지고 복받치는 감격이 가슴을 질식시켰다. —— 모두는 자신들 민족이 져야 할 죄다.

이 대사는 소설의 마지막 부분에서 '불령선인'의 집에서 노인과 헤어지는 장면이다. 에이사쿠는 밤에 노인이 마련해준 방에서 혹시나 자신들을 일본인이라고 복수하거나 해치지 않을까 착각을 했지만, 오히려 그의 꼼꼼하고 따뜻하게 배려하는 마음을 느끼며 감정이 복받쳐 오르는 곳이다. 전날 술자리에서도 노인의 딸이 남긴 저고리의 칼자국을 보면서 자신이 단죄를 받는 듯한 느낌을 받았는데, 경성에서 멀리 떨어진 국경지역에서 항일운동을 하는 노인을 바라보면서 그는 뜨거운 감정을 느끼며 이 모든 상황은 "자신들 민족이 져야 할 죄"임을 분명히 상기시킨다. 이러한 복받치는 감격과 눈물은 3·1독립운동에서 수없이 희생당한 조선의 백성, 일본 관헌의 무자비한 탄압으로 딸을 잃고 머나먼 국경 산촌에서 독립을 향한 자신의 의지를 지켜 나가는 쓸쓸한 '불령선인'의 노인, 그리고 자신이 이러한 불령선인에 대해 가졌던 오해와 의심…. 이 모든 것이 자신들 민족이 만든 죄임을 작가 나카니시 이노스케는 이 작품을 통해 분명한 메시지로 던지고 있다.

(2) 조선 거주 일본인의 시선에서 바라본 3·1독립운동: 고바야시 마사루(小林勝)의 「조선·메이지 52년(朝鮮·明治伍十二年)」

3·1독립운동과 재조일본인들

고바야시 마사루의 「조선·메이지 52년」은 원래 제목이 '만세·1919년(메이지 52년)'이었다. 즉, 이 제목이 시사하듯이 일본문학 중 가장 선명한 형태로 3·1독립운동을 다룬 소설이라고 할 수 있다. 이 소설은 3·1독립운동을 당시 조선에 거주하고 있었던 일본인들, 즉 재조일본인들이 어떻게 반응하고 있었는지를 중심으로 묘사하고 있다.

그 지역의 조선인 실업학교 서기의 일을 하고 있는 주인공 오무라(大村)는 하루 늦게 배달되는 '도쿄일일신문(東京日日新聞)'의 기사를 보고 상세한 저항의 내용은 알지 못하더라도 경성에서 고종 국장과 더불어 시민들의 소요가 일어난 사실을 알게 되었다. 오무라는 이 사태가 예사롭지 않다고 생각하였지만 이시즈카(石塚) 순사부장은 "경성의 소요"가 일어났지만 주동자도 모두 체포되고 소동도 이걸로 종결되었다고 자신만만해 한다. 그는 "조선 전도(全道)에 헌병도 있고 경찰도 있다. 그리고 제국 육군도 있어, 이런 시골 마을에도 우리들도 있고 헌병 주재소도 있"다는 사실을 근거로 이 만세시위가 오래가지 못할 것이라고 확신하였다. 그러나 3월 10일자 도쿄일일신문 기사에서는 그 동안 잠잠하였던 대구에서도 만세운동이 분출하고 있다는 사실을 보도하였고, 얼마 지나지 않아 드디어 낙동강 상류에 위치한 이 마을에서도 저항의 분위기가 고조되고 있음을 느끼게 되었다.

이러한 식민지 조선의 만세운동에 대해 이 마을에 살고 있던 재조일본인은 어떻게 받아들이고 있는 것일까?

> 마을을 정비하고 치안을 좋게 만들어 준 건 어디의 누구인가? 응, 누가 그것을 했다고 생각해? 우리들이 학교를 만들어 줬어, 빌어먹을, 친절하게 농업지도도 해 줬어, 공중욕탕까지 만들어 줬어, 병원도 건설해 줬어. 이런 빌어먹을 놈들이, 배은망덕한 놈들이, 마을은 병합 당시 모습에서 완전히 변하지 않았어? 대체 모두 누구의 덕분이라고 생각하고 있는 거야, 빌어먹을 놈들, 빌어먹을 놈들, 조선인놈들, 팔푼이 놈들, 돼지 같은 놈들, 도둑놈의 거짓말쟁이들, 이제 와서 독립 만세라고 하는 건 무슨 말이야? 뭐라는 철면피 망은(忘恩)이냐, 뭐라는 비열한 도둑 근성이냐, 라고 기시모토는 어금니를 딱딱 소리를 내면서 계속 아우성쳤다.(小林勝, 1971)

이 장면은 한일강제병합 이후 곧바로 조선의 이 지역으로 건너와 이곳을 자신의 고향이자 뼈를 묻을 곳이라고 이야기하는 고리대금업자 기시모토(岸本)가 3·1운동이 일어나고 있는 불안정한 분위기 속에서 이 만세운동을 바라보는 시각이다. 이곳에서 그는 "농림, 축산, 수산, 공업"의 생산액이 병합되어 10년 가까이 흐른 지금이 "6배나 이르"며, 논밭 경작지도 "1.7배나 늘어"났다며 "병합 후의 발전을 증명하기 시작하면"서, "조선 전도에서 소란을 피우"는 조선인들을 배은망덕하다며 극렬 비판하고 있다. 기시모토의 말로 대변되는 이러한 인식에 바로 일본의 근대 문명 논리가 담겨 있으며, 단순히 통계적 자료에 근거하여 식민지통치가 조선과 조선인에게 많은 혜택과 편리를 가져다주었다는 시선이 내포되어 있다.

한편 이 지역 만세운동의 진압에 나선 순사도 "돈을 들여 학교를 세우고 설비를 정돈하여 논장을 사주고 그리고 장래는 이 지방의 중견이 되도록 교육을 해 주었는데 기르는 사람의 손을 깨물고 폭동의 중심이 되었으니까, 나는 속이 부글부글 끓어올라 한명 한명 확실히 노려서 쏴주었지"라는 말에도 이러한 인식이 잘 나타나 있다. 이 지역의 만세운동은 여느 지역과 마찬가지로 학생들이 중심이 되었다. 오무라가 다니는 조선인 실업학교 학생들은 시위대의 선두에 서서 이 저항을 이끌고 있었는데 이들을 주인의 손을 깨문 동물에 비유하며 이 학생 시위자를 조준하여 사격했다고 증언을 하고 있다. 이 작품에서 조선에 들어와 있었던 일본인들의 3·1독립운동에 관한 인식은 이러한 형태로 이미지화되어 있었다고 할 수 있다.

그러나 마을 내에서 수적으로는 소수인 재조일본인들은 그동안 무시하고 차별하였던 조선인의 만세운동에 민감한 반응을 보이고 모두 불안과 공포를 느끼며, 재향군인을 필두로 자경대를 만들어 조선인들의 움직임에 적극적으로 대응한다.

좋아, 자경대 제2반 집합, 이라고 재향군인 잡화점 주인이 외쳤다. 제2반은 경찰한테로 가는 거야, 여자들은 모두 단도를 가졌지, 제3반은 여자와 아이들을 부탁해. 모두 희미하게 떨고 눈에 핏발이 서 있었다. 완전히 참을 수 없는 듯, 여자의 우는 소리가 들렸다. 우지마, 바보, 라고 기시모토가 큰 소리로 외치고 칼을 뽑았다. 조선인이 다가오면 때려 죽여 버려, 라고 누군가가 새된 목소리를 질렀다, 상대가 누구라도 상관없어, 때려 죽여, 이쪽의 힘을 보여줘, 꺼릴 것은 없어, 이렇게 된다면 헌병도 경찰도 할 테니까, 염려할 바 없어, 칼로 베어 버려.

이 작품에 나타난 재조일본인들의 3·1독립운동에 대한 자세는 위의 인용문에 나타난 것처럼 매우 공격적이며 근원적인 증오감을 내포하고 있었다. 말 그대로 "생생한 살기"를 풍기면서 조직적인 대응을 하며, 만일 있을지도 모르는 자기방어를 뛰어넘어 경찰과 헌병의 보조역할을 충실히 수행하고자 하였다. 이는 시위대의 진압을 담당하는 경찰관도 마찬가지였다. 지금까지 "같은 일본인이라도 재판소 판사, 실업학교 교장, 경찰서장, 수방단 단장, 식산은행 지점장, 형무소 소장"이 이 마을의 "최유력자층"이라고 한다면 이시즈카 순사부장은 그 외의 일본인 중 한 사람에 불과하였다. 그러나 그가 "생생한 살기"를 풍기며 잔인하게 조선인 시위대를 진압하고 철저하게 탄압하면서 그 이래로 "마을의 중요인물로서의 위치를 확립"해 간다. 그는 3·1운동을 "출세의 찬스"로 인식하였고, 그래서 "오른손에 피묻은 칼, 왼손에 피스톨"을 들고 사정없이 "공격해 칼로 베"고, 조선인 학생을 취조하는 과정에 갖은 고문을 가해 그들은 피를 토하며 죽어갔다.

이렇듯 고바야시 마사루의 「조선·메이지 52년」은 3·1운동 당시 재조일본인들이 조선인에 대해 가지고 있었던 식민지 통치의 시혜 의식, 그리고 불안과 교차하는 적대 의식과 잔임함을 적나라하게 잘 보여주고 있다. 그러나 이 작품은 그들이 가지고 있었던 이러한 시선과 태도가 실제로는 어떤 모순을 가지고 있었는지, 그들은 왜 그렇게 조선에서의 삶에 집착하는지도 잘 나타나고 있다.

작가 고바야시 마사루와 식민지 조선

고바야시 마사루는 그의 아버지가 식민지 조선에서 농립학교 교사로 근무하고 있었기 때문에 1927년 경상남도 진주에서 태어나 안동과 대구에서 청소년기를 보냈다. 1944년 대구중학교를 수료하고 육군항공사관학교에 입학하였으나 곧바로 일본은 태평양전쟁에서 패전하고 말았다. 1948년에는 일본공산당에 입당하고 1949년에 와세다(早稲田) 대학에서 러시아문학을 전공하였으나 중퇴하고, 당시 프롤레타리아 문학의 아성이었던 신일본문학회(新日本文學會)에서 활동하였다. 그리고 1952년경부터 소설과 시작 등으로 문학 활동을 시작하여 1956년에는 「포드·1927년(フォード・一九二七年)」으로 아쿠타가와상 후보에 오르기도 하였다. 1958년에는 그의 대표작이라 할 수 있는 장편소설 『단층지대(断層地帯)』를 발표하였으며, 1961년에는 일본공산당의 규율에 어긋난 공동성명 발표로 인해 제명을 당하였다. 1970년에는 소설집 『쪽발이(チョッパリ)』를 간행하였다. 고바야시 마사루는 그가 태어나 어린 시절과 청소년기를 보낸 한반도를 소재로 한 많은 작품을 발표하고 있으나, 그는 패전 이후 한반도에서 일본으로 돌아간 많은 일본인들이 한

반도를 향수하며 그리워하는 자세를 거부하고 전후 일본을 냉철하게 투시하고자 하였다.

고바야시 마사루의 「조선·메이지 52년」은 원래 1969년 5월 『신일본문학(新日本文学)』에 발표했을 때 제목이 '만세·1919년(메이지 52년)'이었다. 이 소설을 발표했을 때 이 낯선 제목을 독자들이 이해해 주리라 판단했지만 독자들이 실제로 그 제목이 가지는 의미를 제대로 이해하지 못했던 상황에 대해 작가는 대단히 유감스럽게 생각하였다. 왜냐하면 실제 메이지 연호는 44년까지인데 시간적 표현이 '메이지 52년'이라고 표현된 것이나 여기에 '만세'는 대체 무엇에 대한 만세인지도 당시 일본인 독자들이 충분히 이해하지 못했기 때문이었다. 물론 여기서 말하는 만세는 당연히 1919년 독립만세를 외쳤던 조선인 민중들의 목소리이다. 작가는 1919년에 해당하는 연호인 다이쇼(大正) 8년이 아니고 메이지 52년이라고 표현한 것에 대해서는 작품의 '후기'에서 다음과 같이 말하고 있다.

> 1967년, 즉 쇼와(昭和) 42년, 일본의 재계와 자민당 정부는 그 해를 구태여 '메이지 백년'이라고 부르고 아울러 자신들을 쇼와유신을 성립시킨 선인(先人)들과 똑같이 간주하며 크게 자찬하였다.
> 이 '메이지 백년'이라는 허위(虛僞)개념 속에서 중요한 특색 중 하나는 조선·중국을 중심으로 하는 아시아가 완전히 결락해 있다는 것이다. 즉 메이지도 다이쇼도 쇼와도, 그리고 수치를 모르는 총칭 '메이지 백년'도, 일본 자본주의의 발전, 차질(蹉跌), 재발전의 역사도 우선 조선을, 그리고 중국을 빼고는, 하물며 그들 나라들과 인민에 대한 냉혹

철저한 탄압과 수탈을 빼고는 성립할 수 없는 것이다.

메이지 유신이 일어나고 100년째에 해당하는 1967년에는 일본은 완전히 태평양전쟁 패전의 기억과 상처에서 벗어나 고도경제성장을 통해 다시 세계의 경제대국으로 거듭났던 시기이다. 일본의 자민당 정부와 재계는 메이지 유신 이후 근대사의 연속성과 그 발전을 기리기 위해 대대적으로 '메이지 백년'을 기념하였다. 이에 대해 고바야시 마사루는 이 역사적 인식에 이의를 제기하고자 하였다. 즉 일본은 근대 메이지의 역사가 개시된 이후 100년간 한국과 중국을 비롯하여, 아시아에 대한 식민지 지배와 수탈의 역사가 있었음에도 불구하고 '메이지 백년'은 마치 이러한 부(負)의 역사를 말하지 않고 일본의 성취만을 대대적으로 기념하려는 인식에 문제제기하고 있는 것이다. 여기에 바로 1919년을 메이지 52년이라고 지칭하여 '메이지 백년'의 연속선상에 부의 역사가 만든 단층을 제시하려고 하였던 이유가 있었던 것이다.

이러한 의미에서 이 작품은 3·1운동을 제재로 취하고 당시 한반도의 민족운동과 재조일본인들의 대응을 묘사하고는 있지만 다른 한편으로는 전후 일본사회의 변화와 현재상에 대한 비판과 문제제기를 의도하였다고 할 수 있다.

식민지 조선과 일본인의 위치

그러면 재조일본인들이 3·1운동에 즈음하여 조선인들에게 그렇게까지 적대감을 보이는 이유는 어디에 있는 것일까? 이들의 조선에서의 삶은 어떤 것일까? 3·1운동에 가장 강력하게 반발하며 조선인들을 비난하던 기시모토는 한일합방이 되자 곧바로 조선으로 건너와 아내와 3명의 초등학생 아이와 함께 살고 있다. 그는 조선의 외딴 지방 이곳을 "제2의 고향, 아니 진정한 고향으로서 이 마을의 흙이 될 각오를 가지고 있"다고 늘 말하고 다닌다. 그는 "향리의 부동산을 전부 처리해 버렸"고 이곳에 모두를 투자했기 때문에 "내지에는 내가 돌아갈 장소는 이제 어디에도 없"으며 "무슨 일이 있어도 나는 여기를 떠날 수 없"다고 강변하며 온지 1년밖에 되지 않은 주인공 오무라의 상황과 자신을 차별화하려고 하였다.

> 집과 재산이야? 나는 당신의 그것이 어떻게 해서 살쪄왔는지 여러 사람들에게 들어서 알고 있어, 라고 오무라는 생각했다. 변변치 않은 토지를 가지고 있는 자작농에게 돈을 빌려주고, 그리고 토지와 가옥을 담보로 만들어, 변제할 수 없을 때는 인정사정없이 빼앗았다. 때로는 경찰의 손을 빌려서까지. 오무라는 기시모토의 상당히 넓은 집이 겨우 2, 3개 방을 제외하고 창고로 변해 있는 것도 보았다.

이 문장은 조선에서 기시모토의 삶을 잘 보여주는 곳인데, 그는 전형적으로 돈을 빌려주고 갚을 능력이 없는 조선인들의 농지와 가옥은 물론, '장롱, 가구, 식기, 의류, 종자, 이불, 농기구' 까지도 빼앗아 넓은 집의 방들에 가득 메우고 있는 고리대금업자였다. 이렇게 고리대금을 통해 조선인의 재산을 착취하여 재산을 증식해 왔으며, 그러한 재산을 지키기 위해 누구보다도 조선에서의 삶을 그렇게까지 집착하고 있는 것이다. 그는 "무슨 일이 있더라도 내 집과 재산은 지켜내지 않으면 안 된다."고 말하고 있는 이면에는, 그리고 조선이 자신의 고향이며 뼈를 묻을 곳이라고 말하는 이면에는 경찰의 힘까지 빌려 조선인의 재산을 수탈하여 이익을 올릴 수 있는 곳이기 때문에 가능한 발상이었다. 이는 기시모토뿐만 아니었다. 오무라가 기숙하고 있는 여관집 주인도 토지와 전포(田圃)를 사모아 버젓한 "지주"가 되어 충분한 이익을 올리고 있었다.

따라서 이들 재조일본인들이 이 조선의 마을을 진정한 고향이라고 말하며 무슨 일이 있더라도 조선을 떠날 수 없다고 하는 이유는 분명해졌다. 그리고 그들의 이러한 생활을 위협할 수도 있는 만세운동에 그렇게 까지 적의를 품고, 경찰과 헌병을 도와 진압에 나섰는지도 그 이유가 명백하다고 할 수 있다. 강제병합 이후 조선의 생산고를 높이고 마을의 발전과 학교 건설을 위해 노력하여 조선인에게 혜택을 주었는데, 독립만세 시위를 하며 저항하는 조선인들에 대해 배은망덕이라고 욕설을 퍼붓는 이유는 바로 3·1운동이 그들의 경제적 이익과 정면으로 배치된다고 판단하였기 때문이다.

그러나 이들 부류와 다르게 주인공인 오무라는 다른 재조일본인과 스스로를 다르다고 생각하고 있는 인물이고 기시모토도 '떠돌이'인 오무라와 자신들은 다르다고 주장한다.

> 잃을 어떤 것도 없다. 나는 우연히 이 마을에 온 것에 지나지 않아, 언제든 내가 바랄 때에 이곳에서 나갈 수 있어, 내가 찾고 있는 건 토지가 아냐, 고향도 아냐, 내가 찾고 있는 건 이른바 꿈이다. 나는 확실히 일본인일지도 모른다. 그러나 나는 이 마을의 기시모토 등과 같은 일

본인과는 틀림없이 다르다. 그것은 이 마을의 일본인들, 아니 조선인들도 알고 있을 것이다. 나는 이런 일에는 관계하고 싶지 않고 관계하지 않고 있을 수 있을 것이다.

주인공 오무라는 일본 고향에서 작은 재산 다툼을 하는 형제와 친척에 절망하고 더 넓은 장소와 자유를 찾아 조선으로 탈출하였다고 생각하고 있다. 그렇기 때문에 항상 이 마을의 일본인과 자신은 다르며 자신을 "일개의 자유스런 자연인"으로 생각하고 있었다. 소설의 모두에 나와 있듯이 일본이 시베리아에 출병하여 벌이고 있는 전쟁에도, 일본 내에서 무엇이 일어나더라도 자신은 알 바가 아니며 상관이 없다는 태도로 일관한다. 따라서 3·1독립운동이 일어났을 때에도 "이 마을이 어떻게 되던, 어떤 소란이 나던, 나와는 관계가 없"다고 생각하였지만, 그럼에도 불구하고 그는 이 마을의 일본인 공동체를 이루는 한 구성원임은 피할 수가 없었다.

그는 자신이 원하던 원하지 않던 이 마을에 만세운동의 움직임이 있을 때, 소집 안내에 따라서 다른 일본인과 마찬가지로 이 마을의 일본인 소학교로 집합하였다. 그곳에서 벨기에제 5연발 엽총을 가지고 있었던 오무라는 일본인 경찰과 헌병대를 지원하는 자경대에 배치를 받는다. 그리고 악덕한 살인 경찰서장 나오라며 외치는 시위대를, 더구나 그 선두를 담당한 자신이 다니던 실업학교 학생들이 포함된 시위대를 향해 그는 6발의 총탄을 발사하여 두 명은 죽고 여러 명에게 부상을 입혔다. 오무라는 이 사건으로 이시즈카 순사부장으로부터 당황하던 경찰보다도 더 침착하게 시위대의 선도자들을 쓰러뜨렸다고 뜻하지 않은 칭찬까지 얻게 되었다. 어떻게 보면 그는 이 마을의 일본인들 속에서 주변인에 지나지 않았지만, "6발의 탄 때문인지, 결국 생도를 때려죽인 일로 가까스로 이 마을의 일본인으로서 자격을 부여받"았다고 느꼈다. 오무라는 당황하던 가운데 기억할 수도 없을 정도로 부지불식간에 이루어진 사건이었지만 그의 충격은 엄연한 사실이었다.

그때, 뒤에서 낮지만 확실한 일본어가 날아왔다.

살인자!

오무라는 그 소리로 등에 총을 맞은 듯 기우뚱 고꾸라질 뻔했다. 바로 지금, 이 마을을 탈출해 어딘가로, 어떤 속박도 공포도 없는 어딘가로 도망가고 싶다, 라는 불처럼 격렬한 충동이 치밀어 올랐다. 탈출하고 싶다, 나는 도망가고 싶다. 그러나 어디로, 일본인인 나는 여기에서 대체 어디로. 그는 핏발이 선 눈으로 걸었다.

오무라는 만세시위 운동이 어느 정도 진정된 후에 중국인 거리의 중화 요리집에 들렀다가, 그곳에서 만난 실업학교 학생들에게 학생은 식당에 오는 게 금지되어 있다고 다그치나, 학생들은 "냉소와 증오"를 드러내며 "마치 경찰 같네."라고 빈정거리는 소리를 듣는다. 그리고 뒤이어 들어온 조선인 청년 두 명으로부터 왠지 모르게 신변의 위협을 느낀다. 그러면서 가능한 한 자연스러운 모습을 가장하며 조심스럽게 가게를 빠져나오는 과정에서 위의 인용문과 같은 장면에 맞닥뜨리는데 이 장면은 작가 고바야시가 작품 후기에서 말한 "아시아에서 '존재' 그 자체로 악"이었던 과거 일본의 실상과 위치 바로 그 모습이었다.

오무라는 자신이 조선에서 토지나 어떤 이익을 바라지 않았으며, 그는 단지 사소한 재산상의 이익만을 다투는 형제에 실망하여 고향을 떠나 더 높은 자유와 꿈을 쫓아왔으며 항상 재조일본인과 자신의 상황은 다르며, 일본이나 일본과 연계된 어떤 일에도 관여하고 싶지 않다고 생각하고 있는 인물이었다. 그럼에도 불구하고 그가 아무리 원하지 않았더라도 그는 조선을 식민지로 삼고 있는 일본인이라는 공동체 속에 위치하고 있었으며, 부지불식간이라고 하더라도 조선인들에게 위해를 가하는 입장이었던 셈이다. 이 작품은 당시 식민지 조선에 거주하고 있었던 재조일본인의 위치가 어디에 있었는지를 이렇게 비판적으로 탐색하고 있었다. 주인공 오무라가 이러한데 그 보다 좀 더 주류적인 입장에 서서 조선에서 유무형의 이익을 탐하였던 재조일본인들의 모습은 두말할 필요도 없을 것이다.

(3) 조선 여인의 눈으로 본 3·1운동: 스미 게이코(角圭子)의 『조선의 여인(朝鮮の女)』

조선 여인의 3·1운동과 죽음

스미 게이코의 소설 『조선의 여인(朝鮮の女)』은 일본인 작가가 쓴 작품이지만, 주인공은 물론 등장인물 대부분이 조선인들이며, 이들 조선인이 겪은 동학농민운동과 1918년 겨울 이후 조선인들의 삶과 다시 일본으로 건너간 조선인들의 생애를 그렸다.

> 태극기를 쑥 내민 젊은이들이 이쪽저쪽에서 목소리를 맞추기 시작하자 주변이 점차 잔잔해졌다. …깃발을 응시하였다. 저 볼에도 이 눈가에도 눈물이 흘렀다. 서양이 그러한 볼을 비추었다.
>
> 이윽고 젊은이들은 노래 도중에 외쳤다.
>
> "조선, 독립, 만세", "만세" …
>
> 그러나 이 열광도 길게 계속되지 않았다. 진주로 이어지는 가도를 군청이 있는 마을 쪽에서 세 명의 기마병이 말을 몰아 왔다. 그들은 군중 속으로 닥치는 대로 말을 타고 들어와 군중을 쫓아 해산시켰다. … 주재소의 헌병은 말을 타고 들어온 수비대에 기세를 얻어 공포가 아니라 정말로 권총을 난사하여 촌민 다섯 명을 죽였다. 경찰관은 조선인 보조원을 질타 격려하면서 사벨로 군중을 닥치는 대로 베었다. … '독립만세' 환희의 도가니였던 작은 광장은 일순하여 유혈의 수라장으로 변하였다.(角圭子, 1973)

이 인용문은 이 소설의 주요 무대인 경남 산청군의 단성에서 일어난 3·1운동 모습과 진압 과정을 보여주는 장면이다. 다른 지역에서 일어난 3·1운동의 많은 경우가 그러하듯이, 산청군의 3·1운동도 장날을 이용하여 단성에서 일어났으며 남녀노소 수많은 사람들이 '독립운동가'를 부르며 태극기를 앞세워 참여하였다. 그리고 면사무소와 헌병 주재소로 향하던 중에 처음에는 공포탄을 쏘았으나 정규군인 수비대가 말을 타고 진압하러 온 것을 보고 헌병들은 권총을 난사하고 경찰관은 칼로 군중들을 베기 시작하여 유혈극으로 막을 내린다.

이 소설은 제목이 잘 보여주고 있듯이 일제강점기 조선 여성들의 고난과 역경, 그리고 이를 극복하여 가는 강인한 삶의 이야기를 그리고 있다. 주인공인 정영희(鄭英姬)는 산청군의 양반 집안인 중산층 농가에서 태어났는데 아래로 두 명의 여동생이 있고 남동생도 있었으나 어릴 때 강에서 사고로 잃어버렸다. 그리고 그녀에게는 두 명의 할머니가 있다. 할아버지의 정처인 신애(信愛)가 아이들 갖지 못하여 할아버지가 어느 날 자손을 이어가기 위해 전라도에서 데리고 온 첩인 희열(喜烈)이 이에 해당한다. 희열이 친할머니이기는 하지만 유교적 분위기가 강한 이 집안에서 신애가 이 집안의 공식적인 조모로서 권위를 가지고 있으며, 희열은 이 집안에서 충실하게 노동력을 제공하고 자신이 낳은 두 아들로부터도 신애보다 훨씬 낮은 대우를 받는 존재로 위치하고 있다.

더구나 이 지역에서는 유교풍에 입각하여 남존여비가 엄격하게 지켜지고 있었다. 예를 들어 농사로 삶을 살아가는 집안이었지만 영희의 아버지는 서당의 교사로서 일하고 숙부는 학교를 다니는데 농사일은 물론 집안일에도 전혀 관심을 가지지 않고 가족들도 이 두 남자의 노동력에 대한 기대를 가지고 있지 않았다. 논밭의 농사일은 물론이고 소를 기르는 일, 그리고 가사노동 일체는 모두 두 할머니와 어머니, 그리고 영희의 몫이었다. 심지어 영희의 두 번째 동생인 말희(末姬)가 태어났을 때에는 여자아이라는 이유로 기쁨보다는 오히려 온 집안이 통곡을 할 정도로 슬픔에 휩싸였지만 남자 동생이 태어났을 때에는 온 집안이 기쁨으로 충만하였고 반찬이나 음식 종류부터 온 집안의 대우가 위의 세 누나들과 판이하게 달랐다.

그러나 이러한 유교주의에 입각한 지역 분위기와 집안 내력이 있었음에도 불구하고 이 집안의 여인들은 꿋꿋하게 현실을 살아갔다. 영희의 할아버지가 일찍 세상을 하직하고 더구나 그녀의 부친도 30살이 넘어 얼마 지나지 않아 갑자기 죽었지만 영희의 두 할머니와 어머니, 그리고 어린 딸들이 도와서 집안일을 하며 어려운 현실을 타개해 나갔다. 영희도 어느덧 성장하여 대단한 양반 집안이라는 이시우(李時雨)라는 남자와 결혼을 하지만 막상 처음으로 신행을 가보니 완전히 몰락한 빈농이었다. 그래서 남편은 돈을 벌기 위해 일본으로 도항하고 영희는 시부모 사이에서 갖은 고생을 다 하였다. 그래서 시아버지의 권유로 인해 그녀도 연락 한번 오지 않는 남편을 찾아 일본에 건너갈 결심을 하고 이별 인사를 할 겸, 친정을 방문하였다. 그때 영희의 야윈 모습과 보잘 것 없는 영희의 옷을 보고 시집살이가 순탄치 않음을 직감적으로 알아챈 어머니는 처음으로 다음과 같은 속마음을 이야기 한다. "조선의 여인은…, 왠지 모두 슬프다. 영희야. 그래도 모두 훌륭하게 살고 있지 않아? 살아 왔지 않아? … 뭐든 가만히 견디며 살아가자 … 너도 이 정가(鄭家)에서 나온 여인으로서 가문을 부끄럽게 만들지 않도록 며느리의 본분을 이제부터도 훌륭하게 다해 주렴."이라고.

이 인내의 중요성을 지적하며 현실을 극복하기 위해 최선의 노력을 다하자는 말은 어머니가 영희에게 속마음을 터놓는 최초의 이야기이기도 하였다. 이후 남편을 찾아 일본에 건너가면서, 그리고 일본에 정착하여 조선인으로 겪어야 할 수많은 고난이 그녀를 기다리고 있었다. 이 소설은 동학농민전쟁, 식민지 시대 일본의 토지 수탈, 점차 궁핍해 가는 조선의 농민들, 일본 내에서 조선인 차별, 일을 찾아 일본과 만주, 시베리아로 건너가는 조선인들, 2·8 독립선언, 3·1운동, 1929년 광주학생운동, 1931년 만보산(萬寶山) 사건, 1931년 만주사변, 태평양전쟁과 총동원체제라는 역사의 굵직한 사건을 배경으로 하고 있다.

이러한 역사적 배경 속에서 다른 한편으로 딸로서 며느리로서 갖은 어려움을 오직 인내로 이겨내야 하는 조선인 여인들의 강인한 정신세계를 그리고 있다. 작가 스미 게이코도 이 작품의 서문에서 "한국·조선인 1세의, 특히 여자들이 풍설(風雪)에 단련되어 끝까지 해낸 생명력의 훌륭함에 눈이 휘둥그레지는 느낌이었다."라고 말하고 있다. 이러한 의미에서 이 『조선의 여인』이라는 작품은 일본의 식민지 지배와 이로 인해 고통 받는 현실 속에서 강인한 조선 여인들의 생생한 생명력의 기록이라고 할 수 있다.

강인한 조선 여인의 뿌리를 찾아서

작가 스미 게이코(1920-2012)는 러시아문학자이자 작가로서 일본여자대학 국문과를 중퇴하고 러시아문학을 연구하거나 러시아어를 가르치기도 하였다. 스미 게이코의 작품은 『다이쇼의 여인 어느 여류화가의 생애(大正の女 ある女流画家の生涯)』(弘文堂, 1966)와 같이 처음부터 여성의 생애에 착목하는 작품 경향을 보였다. 그리고 그녀의 또 다른 방향은 이 『조선의 여인』처럼 조선의 역사, 그리고 재일 한국인과 조선인을 대상으로 하는 작품이었다.

스미 게이코가 재일한국인과 조선인의 역사를 작품에 전경화하게 된 배경은 이 소설의 서문에서도 적고 있듯이 일본 패전 후 가와사키(川崎)의 한국·조선인 밀집지역에 이주하면서 그곳에서 재일조선인 교사를 양성하는 학교에서 학생들에게 러시아어와 러시아문학을 가르치고, 2세, 3세의 학생은 물론 1세의 재일한국인들과 깊게 교류하였기 때문이었다. 이렇게 본다면 이 작품은 일본인 작가를 매개로 하여, 작가가 교류하였던 식민지 조선에서 일본으로 건너와 어려운 현실 속에서도 강인한 생명력을 유지해 가는 조선인 여성들의 생생한 목소리가 담겨 있다고 할 수 있다.

앞에서도 소개하였듯이 주인공 영희에게는 두 할머니가 있었다. 그런데 그중에서도 할아버지의 첩이었지만 실제 친할머니에 해당하는 희열은 어린 영희의 손을 이끌고 3·1운동에 직접 참여한 인물이었다. 1919년 3월 어느 장날에 영희가 갖고 싶어하던 리본을 사주고 무언가를 먹으려고 가게를 찾는 순간 "조선, 독립, 만세"라는 소리가 여기저기 들려왔고 그 모습을 보고 희열 할머니는 "용솟음쳐 나오는 눈물이 봄날 빛을 받아 빛나면서 창백한 볼을 천천히 미끄러지"며 "오열(嗚咽)"하였다. 이러한 분위기 속에서 이유도 상세히 알지 못하는 어린 영희는 "흐느껴우는 희열 조모"가 아름답게도 느껴지고 슬프게도 느껴졌다. 손녀와 함께 나간 장터에서 태극기와 독립만세 소리를 듣고 오열하는 희열 할머니는 누구보다 일본에 대한 증오가 깊었던 만큼 그 울음 속에 자신의 온 생애의 역사가 담겨 있었다.

> 한 헌병이 희열 할머니를 군화로 차서 쓰러뜨렸다. … 희열 할머니는 아무 말 없이 일어났다. 그러나 헌병이 뒤에서 걷어찼다. 할머니는 토방에 굴러 떨어졌는데 곧바로 일어나 끝을 잡고 일어나려고 하였다. 그 볼을 왜놈의 손바닥이 날아왔다. … 할머니의 머리채를 잡고 짐짝처럼 땅바닥에 질질 끌기 시작했다. … 미간(眉間)에서 한쪽 볼에 걸쳐서 자줏빛의 커다란 멍이 있었다. … 잠자리로 옮기고 나서였다. 몸을

닦고 옷을 갈아입힐 작정이었던 어머니는 "아이고"라고 절규하였다. 희열 할머니의 신체 도처에 구타된 검푸른 자국이 있고 채찍 자리의 부르튼 자국도 무수히 있었다. 속옷은 여기저기 피가 묻어 있었고 말라서 울퉁불퉁하였다.

위의 장면은 희열 할머니가 헌병으로부터 끌려가는 장면과 갖은 고문을 받고 며칠 후 풀려난 이후의 장면이다. 장터에서 만세운동 하루 뒤 밤을 이용하여 지리산이 면한 산에서 이 마을의 횃불시위가 일어나고 그 다음날 헌병들이 이 만세운동에 참여한 자들을 수색하러 이 마을에 들이닥쳤을 때 일이다. 헌병 보조원이 장터에 가서 시위에 참여했느냐는 질문에 희열 할머니는 조금도 머뭇거리지 않고, "하고말고, 그게 어쨌다는 거냐."라고 당당하게 대답하였다. 곧바로 희열 할머니는 무수한 발길질을 당하고 짐짝처럼 질질 끌려가 경찰서에서 갖은 구타와 채찍질은 물론 입에 담을 수 없을 고문을 당하고 며칠 수에 집으로 되돌아왔던 것이다.

장터에서 조선독립만세 소리를 듣고 감정에 복받쳐 오열하던 희열 할머니가, 간단히 만세시위에 참여하지 않았다고 부정하면 되었음에도 불구하고 당당하게 참여했다고 따지고 갖은 고초를 당하지 않으면 안 되었던 이유는 어디에 있었던 것일까? 희열 할머니는 원래 전라도 지역에서 남편과 아이가 있었던 몸이었다. 그런데 동학농민운동이 활발하였던 그 지역에서 그녀의 첫 남편은 이 운동에 참여하였다가 일본군에게 살해를 당하였다. 그리고 그녀는 젖먹이 아들과 더불어 경남 산청군의 이 집안에 첩으로 들어올 수밖에 없는 기구한 운명의 소유자였다. 더구나 그녀는 아들이 젖을 떼자 이 아들을 원래 마을로 돌려보내지 않으면 안 되었다. 그리고 그녀는 이 집안의 첩으로서 아들을 두 명이나 낳았지만 신분은 마치 종과 같이 온갖 논밭 일을 도맡아 해야 하는 존재였고, 자신이 낳은 두 아들에 대해서도 마음 놓고 대할 수 없는 위치였다.

그렇기 때문에 그녀는 첫 남편을 일본군에 의해 잃은 사실이 한에 사무쳐 있었고 일본에 대해 강한 원한의 감정을 가지고 있었던 것이다. 그녀는 이 고문으로 인해 얼마 지나지 않아 그 후유증으로 이 세상을 하직하게 되었고, 그녀의 고향으로 돌아갔던 아들이 이 소식을 어디선가 듣고 얼굴도 알지 못하는 어머니의 묘소를 남의 눈을 피해 새벽에 찾아가 흐느껴 울게 된다.

한편, 남편을 찾아 일본으로 출발한 영희는 관부 연락선에서 일본 남자들로부터 농간을 당할 뻔도 하였지만 무사히 넘기고 일본에서 고난의 생활이 시작된다. 그녀가 찾아간 일본의 그곳 역시 조선인들에게는 차별이 난무하는 공간이었으며, 생활을 위한 험난한 여정만이 그녀를 기다리고 있었다. 그러나 이러한 차별과 고난을 뛰어넘어가는 조선인 여인 영희를 통해 작가 스미 게이코는 조선인 여인의 강인한 뿌리를 탐색하고자 하였다.

4장

일본문학 속의 제암리 학살사건

갑자기 포성, 한발, 두발….

순식간에 회당은 사체의 사당.

아직 성에 차지 않아 불을 가지고 타격을 가하는 자가 있었다.

붉은 불길의 혀는 벽을 핥았는데,

관헌의 독수(毒手)에 쓰러져 죽음을 당한 망국의 백성을…

그것을 보고 바람이 불어오는 쪽 민간에도 불을 질렀다,

불에 탄다, 불에 탄다. 사십 채의 부락은,

하나 같이 완전히 타버리지 않은 집은 없었다. …

젖먹이 아이를 안은 채로 있는 젊은 어머니,

도망치려고 우왕좌왕하다가 쓰러진 노인 등의

검게 타버린 참상이 보이지 않는가. …

만약에 이를 수치로 보는 일이 없다면,

저주 받을지어다, 동해 군자의 나라.(斎藤勇, 1919. 5.)

이 인용 시(詩)는 일본 영문학계의 선구자라 일컬어지는 사이토 다케시(斎藤勇)가 1919년 5월 22일 기독교계 언론매체인 『복음신보(福音新報)』에 게재한 3·1독립운동, 그 중에서도 수원의 제암리 학살사건의 소식을 접하고 이를 형상화한 시 중 일부분이다.

제암리 학살사건은 널리 알려진대로 3·1독립운동 중에 일어났던 식민지 조선의 경찰과 군대가 자행한 가장 참혹한 탄압사건 중 하나이

다. 수원지역의 3·1운동 역시 기독교, 천도교 지도자를 주도로 독립시위운동이 계획되었고 주로 장날을 이용하여 학생, 교사, 농민, 상인, 노동자, 기생 등 다양한 계층이 폭넓게 가담하는 형태로 진행되었다. 3월 중순부터 수원을 중심으로 이 지역의 시위가 본격화되었는데, 3월 16일 수원, 21일과 23일 성호면, 25일 수원, 28일 송산면, 29일 성호면 오산리, 태장면, 양감면, 병점, 31일 향남면 발안리, 수원, 의왕면 고천리, 양성면 오산리, 4월 1일 팔탄면, 반월면, 2일 장안면, 우정면, 향남면 제암리 등에서 만세시위나 횃불시위가 나타나다, 4월 3일 장안면 수촌리, 우정면 화수리 시위를 기점으로 시위횟수나 규모가 급격히 감소하게 된다. 초기에 평화로운 만세시위로 이어지다가 일본 헌병과 경찰의 폭력적 진압이 이루어짐에 따라서 이에 격분한 시위대도 무력시위나 폭력을 수반하기도 하였다.

4월 초를 기점으로 수원지역의 시위가 급격히 감소하게 된 이유는 일본헌병에 의한 강력한 토벌작전이 이루어져 지도부가 대거 구속되었기 때문이었다. 먼저 4월 2일부터 6일까지는 3월 31일에 있었던 양성과 발안의 무력시위를 응징하려는 목적에서 이루어졌는데 헌병과 순사들로 이루어진 검거반은 조선인 가옥을 방화하면서 다수의 지도자들을 검거하였다. 그리고 4월 9일에서 15일에 걸쳐 2차 검거작전이 이루어지는데 역시 헌병과 순사 32명으로 이루어진 검거반은 8백 명이 넘는 시위 지도자들을 검거하였으며 이 과정에서 방화로 인해 수백 가구가 소실되었고 민간인들이 사망하였다.

그러나 이러한 폭력적인 진압 과정에서 가장 큰 불행을 초래한 것이 바로 제암리 만세운동을 진압하는 과정에서 이루어졌다. 육군 보병 79

연대 소속 중위 아리타 도시오(有田俊夫)가 이끄는 보병 11명과 일본인 순사 1명, 순사보 조희창, 발안에서 정미소를 운영하던 사사카(佐坂)의 안내를 받고 제암리에 도착하여 곧바로 작전에 돌입하였다. 우선 순사 1명과 군인 2명을 마을 뒤로 보내 퇴각로를 차단하고 조희창과 사사카를 통해 제암리 주민 중 15세 이상의 성인 남자들 모두 제암리 감리교회에 모이도록 하였다. 이들은 교회에 모인 사람들에게 일제사격을 가하고 짚더미와 석유를 뿌려 불을 질렀다. 그리고 이 마을의 집들에 대해서도 일일이 군인들이 다니면 방화하였다.

그리고 군인들은 건너 마을인 고주리에 가서도 천도교인 6명을 나무에 묶어 총살하였다. 따라서 제암리 현장에서 23명이 희생되었고 고주리에 6명이 살해되었다. 이들 진압 과정은 처음부터 치밀하게 계획하여 이루어졌다는 점, 나아가 종교의식의 공간인 교회에 사람들을 가두고 총이나 방화로 살해했다는 점, 나아가 민간인 마을도 방화하였다는 점에서 그 참혹함은 극도에 이르렀다. 이 제암리에서 있었던 진압 과정이 주목을 받게 된 것은 서양인 선교사 프랭크 스코필드와 선교사, 외교관, 영국 공사관, 기자 등에 의해 외부세계에 널리 알려지고 진압 과정의 잔혹함으로 인심을 크게 움직였기 때문이다.

이 사건이 감리교회에서 일어난 사건이라는 의미에서 일본 기독교 관계자 중 일부도 큰 충격을 받고 강한 어조로 이에 비판을 가했으며 이러한 과정에서 독실한 기독교 신자였던 사이토 다케시의 시가 『복음신보』에 실리게 된 것이었다. 사이토 다케시는 일본의 대학에서 교편을 잡고 있는 학자로서 제암리 학살사건에 반응하였지만, 일본문학에서 이 사건을 모티브로 한 소설가는 모두 식민지 시대 조선에서 살았던 식민자 2세에 해당하는 인물이었다. 한명은 11년간 이 사건의 공간이었던 수원에서 살며 초중학교를 나온 소설가 유아사 가쓰에(湯浅克衛)이고 다른 한명은 서울에서 태어나 1945년 일본 패전 이후에야 일본으로 돌아간 소설가 가지야마 도시유키(梶山季之)였다.

본 장에서는 3·1운동 기간 중 가장 참담한 사건으로 기억되는 제암리 학살사건이 일본의 문학작품에서는 어떻게 각인되고 포착되고 있었는지를 보면서 이 사건에 대한 일본문학자들의 시선을 검토해 보기로 한다.

(1) 『복음신보』의 시(詩)로 보는 제암리 학살사건

제암리 학살사건의 참상 — 사이토 다케시의 「어느 살육사건」

2장에서 언급하였듯이 1919년 AP통신사의 임시 특파원이었던 앨버트 테일러는 3·1운동과 그 재판과정, 그리고 제암리 학살사건을 상세히 취재하여 일본의 무단통치의 실상과 3·1운동의 평화적 비폭력 운동을 세계에 알리는 역할을 하였다. 이때 그는 일본의 영자지 더 재팬 애드버타이저(The Japan Advertiser) 4월 27일과 29일 자에 제암리 학살사건에 대한 기사를 기고하였다. 이때 일본 기독교계의 사상가이자 지도자였던 가시와이 엔(柏井園)은 이 저팬 애드버타이저의 기사를 인용하면서 다음과 같이 말하고 있다.

> 4월 29일 발행의 『재팬 애드버타이저』The Japan advertiser는 이 신문의 통신자 일행이 조선 수원부에 가까운 불행한 한 마을을 시찰한 상세한 통신을 싣고 있다. 불탄 교회당에서 잔연기가 아직 피어오르고

> 있을 때에 가서 조사한 것이다. 일본의 기독교회 지도자는 이를 읽지 않았는가? 일본의 기독교회가 잠들지 않았다면 우리들 형제의 피를 위해 외쳐야 하지 않겠는가? 일본은 동양의 터키가 아님을 보여주는 것은 우리 기독자의 책임이 아니겠는가?(柏井園, 1919. 5. 1.)

이 가시와이 엔이 제암리 학살사건을 접하고도 비판의 반응을 보이지 않고 침묵하고 있는 일본 기독교계에 대해 날카롭게 비판을 보내고 있다. 그의 이러한 비판의 목소리 때문인지, 일본기독교회연맹은 5월 20일 제암리 학살사건의 진상을 조사하기 위해 직접 수원을 방문하게 된다. 한편 이 앨버트 테일러의 기사로 인해 일본 기독교계가 움직였던 것과 연계하여 제암리 학살사건과 관련한 아주 귀중한 시(詩)가 만들어진다. 모두에 인용하였듯이 사이토 다케시(齊藤勇, 1887-1982)가 쓴 「어느 살육사건」이라는 시가 바로 그것인데, 사이토 다케시는 전문 문학자가 아니라 오히려 영문학을 연구하는 학자였다. 도쿄제국대학 영문학과를 나와, 도쿄여자고등사범학교 교수, 도쿄제대 교수, 도쿄여자대학 학장과 학사원 회원을 거치며 일본 영문학 연구의 초석을 만든 학자였다. 특히 그는 독실한 기독교 신자로서 특히 대학 때에는 우에무라 마사히사(植村正久)로부터 감화를 받고 기독교의 측면에서 영국과 미국문학 전반에 걸친 연구를 진행하기도 하였다. 그가 이 시를 창작한 계기 또한 우에무라 마사히사가 이 더 재팬 애드버타이저에 게재된 제암리 학살사건을 보고 설교 중에 이 사건을 말하며 분노를 드러냈고, 사이토 다케시는 그러한 설교의 자극을 받아 이 시를 창작하였다고 언급하고 있다.

한편, 모두의 인용문에 제시하였듯이, 이 시에서 제암리 사건이 내포하는 '총성 소리', '사체의 사당으로 변한 교회당', '교회와 민가의 방화', '관헌에 의해 학살당하는 망국의 백성', '젖먹이 아이를 안은 채 검게 타버린 젊은 여자와 노인'의 모습을 적나라하게 그리고 있다. 그런데 이러한 학살사건을 수치라고 생각하지 않는다면 자칭 '군자국'이라 칭하는 일본은 반드시 저주를 받을 것이라고 매우 비판적으로 이 사건을 포착하고 있다.

이 시가 전달하고자 하는 메시지는 제암리의 참상을 시로 생생하게 형상화하여 이에 대해 일본의 반성을 촉구한 것은 두말할 필요가 없으나, 이외에도 크게 몇 가지의 메시지를 전하려고 하였다. 첫째, 조선 백성이 "결속해 일어나", "관헌의 압제를 외치고" "일개인에게 주어져야 할 자유와 권리를 요구"한 시위운동이 가지는 당위성이다.

> 모이는 자 이십 삼십, 그 중에는 기독을 믿지 않는 자도 있었다.
> 관헌은 따져 물었다, 왜 폭동에 가담하였는가라고.
> 아아 자기 자신의 모국이 망하고 불평 없을 수가 있겠는가.
> 더구나 당국자가 선정(善政)으로 따르게 만들지 않는다면,
> 누가 기꺼이 굴욕과 모욕을 참을 수 있겠는가.
> 더구나 만약에 무단과 폭력을 사용하여,
> 백성의 습복(慴伏)을 꾀하는 위정자가 있었다고 한다면….
> 기독의 도(徒)는, 관헌을 향해,
> 신교(神教)의 자유를 요구했을지도 모른다.
> 그 언어가 몹시 격한 어세를 띠었다고 하더라도,

우상숭배를 강요받은 자에게,

그것은 안 된다, 유순하지 않다고 어떻게 말할 수 있겠는가.

이 인용문에서 잘 나타날 수 있지만 사이토는 당국자의 무단과 폭력 속에서 조선 민중이 불평을 가지는 것은 당연하고, 그들이 받는 "굴욕과 모욕"에 대해 인내할 수 없었던 상황에 공감을 표하며 그들의 독립운동을 어찌 불가하다고 할 수 있는지에 대해 의문을 표하고 있다. 이와 같이 사이토 다케시는 한 나라의 망국과 "무단과 폭력"에 의한 통치와 "관헌의 압제", 이러한 "굴욕과 모욕"을 떨치고 일어난 조선인들이 "자유와 권리"를 요구한 시위운동에 대한 공감을 적극적으로 표현하고 있다.

둘째, 일본인들이 가지고 있는 이중성에 대한 지적이다. 즉 일본 내에서는 이 당시 "인종차별을 철폐해야 한다고, / 이른바 지사들이 땅땅거리며 떠들어대던 때"였음에도 불구하고 이 식민지 조선의 당연한 요구에 대해서는 모두가 침묵을 지키고 있는 상황에 대한 성찰이다. 그렇기 때문에 대다수의 언론들이 단순히 "마치 봄바람이 불어서 떨어지는 꽃을 보듯", 이 사건을 "해산을 명한 관헌에게 반항했기 때문에" 일어난 사건이라고 비호하거나 심지어는 "일언반구도 적지 않는" 현실을 비유적으로 비판하고 있다. 이와 같이 이 시는 전체적으로 제암리 학살사건의 참상을 있는 그대로 상세하게 표현하여, 일본 통치자의 문제와 이 독립저항의 정당성, 나아가 이에 침묵하는 일본 지식인의 이중성을 전면적으로 형상화하고 있다. 그러나 제암리 학살사건을 통해 이 시에서 무엇보다도 문제시 하고 있는 것은 이 사건이 세계적으로 널리 알려진 기독교 탄압사건과 동등하다고 간주하면서 제기하는 이 사건의 심각성이다.

> 무엇, 헤로데의 아기들 학살보다 참혹하지 않다고 할 것인가.
> 피에몬테나 아르메니아 보다 사람 숫자가 적다고 할 것인가.
> 시마하라(島原)나 나가사키(長崎) 같은 곳에 옛날 일도 있었다고 할 것인가.
> 군자국에는 그런 예가 드물지 않다고 할 것인가.

여기서는 먼저 신약성서 마태복음에 있는 동방박사가 새로운 유대인의 왕이 태어날 것이라는 예언을 듣고 헤로데 왕이 베들레헴에서 태어난 아이 모두를 죽이려고 하는 사건과 이 제암리 학살사건을 등치시키고 있다. 그리고 피에몬테의 종교 박해와 대량학살, 19세기 말에서 20세기 초에 걸친 오스만제국의 아르메니아인에 대한 인종박해와 살육, 나아가 온갖 수탈과 종교적 박해에 대한 저항을 무력으로 압살한 일본의 "시마바라의 난'과 나가사키에 있었던 천주교도 박해와 학살을 이 제암리 학살사건과 같은 선상에 위치지우고 있다는 점이다. 이런 측면에서 이 시는 3·1독립운동에 대한 탄압을 세계사적으로도 대단히 우려해야 할 참상임을 부각하고 있다. 그리고 이 시는 이러한 학살사건의 당사자인 일본인들이 이 사건을 부끄러워하고 반성해야 함을 촉구하고 있었던 것이다.

이 사이토 다케시의 시 「어느 살육사건」을 읽고 후지사와시(藤沢市)의 목사인 사이토 구라조(斎藤庫三)가 같은 『복음신보』 6월 15일자에 「살육의 흔적 — 사이토 다케시 「어느 살육사건」을 읽고(殺戮の跡—齋藤勇氏「或る殺戮事件」を読みて)」라는 시를 게재하였다. 이는 제암리 학살사건에 대해 당시 일본의 기독교인들이 상당히 관심을 가지고 그 추이를 지켜보고 있었다는 증표이기도 하며, 나아가 사이토 다케시의 시가 파급한 영향이라고도 할 수 있을 것이다.

이곳 도읍지를 벗어난 쓸쓸한 촌 마을,
붉은 연기 틈으로 달은 나오지 않았다.
어젯밤까지는 즐거웠던 가족 무리도,
지금은 집과 함께 검게 불타서,
타다 남은 것 속에서 연기만 내고 있다. …

불타버린 사람들의 영혼은 하늘로 올라갔다.
그렇지만 남겨진 이 잔학한 흔적은 어떻게.
불을 지르고, 포를 들이대고, 살육한 사람들을 위해
보라, 주는 그을린 연기 속에 기도한다.
그들은 사라져 가고 그 모습도 보이지 않는다.(斎藤庫三, 1919. 6.)

이 시에서도 서울에서 벗어난 쓸쓸한 한 시골 마을에서 방화로 인해, 그리고 총포의 사격으로 인해 불타 죽어버린 사람들을 애도하고 있다. 나아가 불을 지르고 총을 들이대고 '살육'이 자행된 흔적을 묘사함으로써 그 현장감을 가능한 한 생생하게 표현하고 있다. 그런데 이 시에서는 이렇게 참혹한 현장에서 애도의 주체로서 '주 예수 그리스도'를 보다 전면에 내세우고 있다. 즉 이 "참담한 지상의 문명"과 "끝없이 황폐한 흔적"에도 불구하고 "그리스도는 영원히 존재"한다는 사실을 강조함으로써 이 모든 사건의 통괄자로서 신의 역할을 적극적으로 내세우고 있다.

> 심판도 선고도 결국은 그의 손,
> 위로하라, 위로하라, 신을 버리지 마라,
> 의지하라, 의지하라, 영원히 그에게,
> 복수(復讎)도 울분도 오로지 다정한 사랑으로 거두어 기도하라.

이 시는 제암리 학살사건의 참혹한 현장을 그리고는 있지만 "복수도 울분도 오로지 다정한 사랑으로 거두어 기도하라"라고 맺음으로써 결국은 기독교적 사랑과 화해로 결론짓고 있음을 알 수 있다. 더구나 앞의 인용문에서 보이듯이 "불을 지르고, 포를 들이대고, 살육한 사람들을 위해 / 보라, 주는 그을린 연기 속에 기도한다."는 표현은 이 심각한 살육을 가한 자들에 대해서도 기독교적 포용과 용서를 암시하고 있다.

이러한 의미에서 이 시에서는 일본에 의한 다른 민족의 잔혹한 통치의 실상, 이러한 차별과 굴욕에 항거한 조선인들의 의지, 그리고 이 학살사건이 얼마나 비인도적인지 사건의 실체가 충분히 드러나지 않고 이 사건을 단순히 종교적인 화해로 승화하려는 데 성급한 측면이 있다고 볼 수 있다. 그렇기 때문에 제암리 학살사건을 지금까지 세계에서 널리 알려진 참혹한 학살사건과 같은 위치에 놓음으로써 이 사건의 실체를 밝히고 그 근원적인 회개를 촉구한 사이토 다케시의 시와는 많은 차이를 보이는 작품이라고 할 수 있다.

(2) 어린이의 시선으로 본 제암리 학살사건: 유아사 가쓰에(湯浅克衛)의 『간난이(カンナニ)』와 3·1독립운동

「간난이」 속의 제암리 학살사건

그렇다고 한다면 3·1독립운동이 전개되는 과정에서 일제의 가장 잔인한 탄압의 사례라 할 수 있는 제암리 학살사건은 소설작품에서 어떻게 그려지고 있는 것일까? 다음 장면은 3·1독립운동을 소재로 한 일본 문학작품 중에서도 수원을 무대로 하여 일본인 소년과 조선인 소녀의 풋풋한 사랑을 테마로 하여 그린 소설의 한 부분이다.

> 교회를 향해 내려오자, 이제는 소리 높여 우는 듯한 만세를 외치고 있는 백의(白衣)의 집단은 거리에서 점차 교회 쪽으로 다가오고 있었다. 교회에서는 때 아닌 종이 땡땡하고 울리기 시작했다. 그리고 찬송가 소리가 들려왔다. 노래 음색이 높은 것은 여자들이 많이 들어가 있기 때문인지 알 수 없었다.
> 눈앞에 프랑스 교회 지붕이 보이는 언덕까지 왔을 때, 쫓겨 간 백의의 집단은 교회 안으로 한꺼번에 밀어닥쳐다. 그들을 쫓아 병사들이 바싹 따르고 있었다. …

두 계곡을 건너 작은 언덕에 올랐을 무렵 교회당에서 불길이 치솟았다. 어느 교회에서 들려오는지 찬송가는 아직 이어지고 있었다.

"류지, 도망쳐 들어간 사람들은 타버리고 있는 걸까?"

간난이의 얼굴은 주먹처럼 작아졌다.

되돌아보았더니 불길은 아직 올라오고 검은 연기가 자욱하게 피어오르고 있었다. 하얀 눈 위에 검은 연기와 이글이글 붉게 빛나는 불길이 또렷하게 섬뜩한 느낌을 주었다. 아까 기쁨의 소리를 질렀던 바위 모서리까지 오자 간난이는 류지의 양손을 잡고 슬픈듯한 얼굴을 하였다.

이 소설의 무대가 수원을 배경을 하고 있을 뿐만 아니라, 간난이와 류지가 목격한, 만세를 외치던 백의를 입은 사람들이 병사를 피해 교회로 쫓겨 들어가고 얼마 뒤 불길이 치솟고 사람들을 "태워 죽이는"듯한 이 장면은 분명 제암리 학살사건의 모습을 비유하고 있는 곳이라 할 수 있다. 이 교회가 불타는 장면을 보고 조선인 소녀 간난이는 한없는 슬픔에 잠겨 "독립도 안 되는 걸까?"라며 한없이 슬픔에 잠기고, 이 물음에 일본인 소년 류지가 "손바닥에 힘을 넣어 간난이의 손을 되잡는" 것 외에 어떤 대답도 할 수 없었던 모습을 통해 알 수 있듯이 제암리 학살사건은 이 어린 주인공들을 절망으로 몰아넣었다.

소설 『간난이』는 소설가 유아사 가쓰에(1910-82)가 그의 조선체험을 바탕으로 창작한 소설이다. 유아사 가쓰에는 1910년에 시코쿠의 가가와현(香川縣)에서 태어나서 아버지가 조선 수비대에 근무하였기 때문에 조선과 일본 각지로 떠돌아다니다 1916년 아버지가 조선 순사시

험에 합격하여 조선에 근무하게 되어 어머니와 더불어 다시 조선의 수원으로 건너와 11년간 조선에서 살게 된다. 조선에서 초등학교(수원공립심상소학교)와 경성중학교를 졸업하고 1927년 제1 와세다(早稲田)고등학원에 진학하였지만 '근대문예연구회사건'으로 학교를 중퇴하였다. 1935년 처녀작 『간난이』를 『문학평론(文學評論)』에 발표하였지만 검열로 인해 작품 중 여러 곳이 복자(伏字)로 처리되거나 삭제된 채로 실렸으며, 특히 3·1독립운동 장면이 나오는 후반부는 전면적으로 삭제된 채로 게재되었다.

그는 같은 해에 개조(改造) 현상모집에 「불꽃의 기록(焔の記録)」이 2등으로 입선하여 본격적으로 작가의 길에 오른다. 그는 최승희 부부와 교제하면서 최승희를 모델로 한 작품도 창작하였으며, 수원을 중심으로 하여 조선을 무대로 한 「성문의 거리(城門の街)」(1936-37), 「대추(棗)」(1937)를 발표하였다. 한편 중일전쟁기인 1938년 8월부터 중국북부지역과 구만주 지역을 여행하고 12월에 「선구이민(先驅移民)」을 발표하고 그의 문학작품이 제국 일본의 국책에 협력하는 쪽으로 방향을 선회하고, 1942년 일본문학보국회, 1943년 황도조선연구회, 1944년 조선총독칙임 문화고문으로 활동하는 등 태평양전쟁 시기 총동원체제에 적극적으로 관여하였다. 전후에는 1952년 일한친화회(日韓親和會) 멤버가 되고 1962년에는 서울에서 개최된 아시아작가문학강연회에 초청받았으며 1966년에도 한국일보 초청으로 서울을 방문하기도 하였다.

식민지 조선의 상처에 대한 이해

『간난이』가 처음 간행되었을 때 검열의 눈을 피하지 못하고 무지막

지한 삭제와 복자를 한 탓에, 현재 우리가 알고 있는 이 작품은 1946년 고단샤(講談社)를 통해 간행된 지금의 소설이다. 이 소설은 시코쿠(四国) 지역에서 순사로 선발되어 수원의 세도가 이근택(李根宅) 자작 저택의 청원순사를 겸직하면서 아버지를 따라 어머니와 더불어 조선으로 건너온 12살 소년 모가미 류지(最上龍二)가 이 저택에 살게 되면서 역시 이 저택의 문지기 딸인 14살 이감람(李橄欖) 즉 간난이를 알아가고 그녀와 풋풋한 첫사랑의 설렘을 그린 작품이다. 이 두 사람은 친구들에게 놀림도 당하고 이러한 소문을 걱정한 류지의 어머니로부터 간난이와 어울리지 말고 공부에 집중하도록 훈계도 받지만 두 어린 청춘은 시간이 지남에 따라서 서로를 그리워하는 마음은 한층 깊어져만 간다. 그러는 차에 장날 시끌벅적한 장터에 헌병이 나타나는 장면을 시작으로 작품의 분위기는 험악해지고 경성에서 시작된 만세운동이 점차 지방으로 확산되어 가는 와중에 이들이 살고 있었던 수원에서도 격렬한 독립운동이 일어나게 되며 이 두 사람의 운명도 이러한 역사의 소용돌이에 휩쓸려 간다.

류지는 일본 내에서 교육을 받은 어느 아이들처럼 장래 꿈을 '육군대장 지망'이었고 조선으로 건너가는 것이 정해졌을 때는 "조선을 정복한 도요토미 히데요시와 같은 영웅이 되고 싶다고 생각"하고 친구들에게는 "폭도를 퇴치"할 조선총독부 총독이 되겠다고 친구들에게 말하는 아이였다. 그러나 류지는 간난이를 만나고 이러한 조선의 왕인 총독이 되겠다는 꿈은 덧없이 무너지고 만다. 왜냐하면 간난이를 만나 둘이서 교제하는 과정은 식민지 조선의 핍박받는 현실과 이로 인한 곤궁한 조선인의 삶을 알아가는 과정이기도 하였기 때문이다.

간난이는 한 번 더 "너는 순사 아들이야."라고 혼자서 고개를 끄덕이며 어두운 얼굴을 하였다. 그리고 의아스러워 하는 얼굴의 류지에게 이번에는 일본말로,

"순사 아들하고 놀면 안 된다고 아버지가 말했어."

"어째서 안되는데?"

"아버지는 일본인을 진짜 싫어해. 헌병을 제일 싫어해. 순사는 그 다음으로 싫어해. 조선인을 괴롭히니까. 나쁜 짓 하니까…"(중략)

우리 집에서도 — 라고 간난이는 말하였다. — 집이 거덜났다. 가지고 있었던 논밭은 어느샌가 새로운 지주 소유가 되었다. 그럴 리가 없다고 수확을 하고 있었더니 순사가 다가와 아버지를 감옥에 넣고, 아버지가 하고 있었던 서당은 아이들에게 나쁜 것을 가르친다고 문에 못을 쳐 박아버리고 아이들을 억지로 보통학교에 넣어 버렸다.(湯浅克衛, 1946)

이 장면은 수원의 이근택 저택으로 온 다음 날 간난이를 만나 금방 사이가 좋아지고 나서, 두 번째로 만난 날 나눈 대화이다. 간난이도 류지도 첫날의 만남으로 서로 마음이 맞을 것 같았지만 실제 대화를 나누면 나눌수록 가치관의 차이를 보이고 있다. 간난이는 류지가 일본인 순사의 아들이라는 이유에서 어두운 표정을 지었으며, 일본 천황의 선정이나 조선 지배를 긍정적으로 믿었던 류지는 자신이 일본 순사의 아들이라는 이유로 간난이로부터 경계를 받자 이에 낙담하고 있다.

그러나 두 사람의 이러한 대화를 통해 지방에서 평범하게 서당을 운영하던 간난이의 아버지가 일제의 '토지조사사업' 과정에서 자신의 논

밭을 빼앗기고 전통적인 서당교육마저 아이들에게 나쁜 사상을 가르친다는 이유로 폐쇄를 당한 사실을 알아가게 된다. "천황폐하가 다스리고 계시니까, 이세(伊勢)의 신이 믿고 계시니까", 조선에 대해 "일본인은 나쁜 짓은 하지 않는"다고 믿고 있었던 류지의 믿음은 크게 흔들리며 식민지 조선은 수탈의 땅이라는 사실을 알아가게 된다. 그렇게 조선 아이들이 노는 패거리에 들어가고 싶어도 조선인 아이들이 '왜놈'이라고 경계하며 류지에게 적의를 나타내고, 이 마을 아이들 세계에서는 이방인의 위치에 놓여있는 류지는 핍박받는 조선인들의 현실과 심정을 구체적으로 알아가게 된다. 이는 곧 식민지하에 있는 조선이 얼마나 궁핍한 생활을 영위하고 있는지를 보여주는 다음의 문장에서도 잘 드러나 있다.

> 조선인들 대부분은 쌀밥 따윈 고사하고 좁쌀이나 피조차도 만족스럽게 먹을 수 없었다. 그래서 여름철에 참외가 나오기 시작하면, 참외를 주식으로 하여 아침, 점심, 저녁 계속 먹었다. 참외는 럭비 볼 정도로 큰 것이 한 개 5리(厘)나 1전(錢)으로 살 수 있었다. …
> 그렇지만, 아이들은 그마저도 알맹이 속은 쉽게 먹을 수 없었다. 아이들은 어른들이 먹다 남은 껍질을 머리위에 올려놓고 즐거워하며 가지고 걷다가, 손으로 가지고 놀면서 조금씩 베어 먹었다.

이 인용 문장은 큰비로 홍수가 났을 때 조선 아이들이 버들 나뭇가지에 매달려서 강물에 떠내려 오는 참외를 건지려다가 나뭇가지 밑둥치가 빠져버려 아이들이 강물에 휩쓸려가는 장면을 목격하고 왜 조선 아이들이 그렇게 필사적으로 참외를 건지려고 했는지를 의아해 하는 장면 다음에 나오는 부분이다. 처음에 류지는 식민지하에 있는 조선인들의 궁핍한 삶을 이해할 수 없었던 것이다. 류지는 이 사건을 통해 위험을 무릅쓰고라도 홍수 때 강물에서 먹을 것을 하나라도 건지려고 필사적인 조선인들의 비참한 생활을 비로소 알아가게 된다.

물론, 이 작품에는 당시 일본인들이 조선인에 대해 가지고 있었던 부정적인 시선이 그대로 나타나 있다. 그 중 대표적인 것이 불결한 조선인상이었다. 예를 들면, 류지가 조선에 도착하여 기차를 타고 올라오면서 창밖을 바라보며 묘사한 "집 안에서 분뇨가 가득 들러붙은 돼지가 사람과 함께 나오던" 풍경에 대한 인식 속에 이러한 생각이 잘 드러나 있다. 또한 류지의 어머니 오슌이 조선 엿을 먹고 싶다는 아들에게 "조선인은 손바닥에 침을 발라서 엿을 반죽하므로 더럽다"며, 그것을 먹으면 "병에 전염되어 죽어버릴" 수도 있다고 만류하던 모습 속에서도 조선과 조선인을 바라보는 부정적 시선이 강하게 남아 있다. 또한 남편의 직업으로 인해 어쩔 수 없이 조선으로 건너가 정주하기는 하지만, 조선을 아주 불안한 공간으로 여기는 인식 또한 당시 일본인이 조선에 대해 지니고 있었던 편견 중 하나였다. 류지의 할머니가 며느리와 손자가 조선으로 건너가는 것이 결정되자 "갑자기 불안해져 병합 전후부터 오랫동안 계속된 폭동에 대한 이야기를 듣고 '성질이 거친 외국'에 건너는 아이와 손자가 마음이 놓이지 않아"하는 모습이나 고향을 떠나 조선을 향해 출발하면서 다시는 고향을 "평생 보지 못하고 조선에서 폭도들에게 원한을 사서 살해당할지도 모른"다며 눈물을 흘리고 만일의 일에 대비해 할머니가 준 단도를 만지는 어머니의 모습이 이를 잘 나타내고 있다.

이들 모자(母子)가 보여주는 이러한 시선은 당시 일반적인 일본인들에게 내재화된 인식이었을 것이다. 그러나 이들 모자(母子)가 조선에 정주해 살아가면서 이러한 인식들은 해소되어 간다. 류지가 조선 엿을 두고 지금까지 조선 엿을 먹고 병에 걸렸다는 이야기를 본 적이 없다며 어머니의 만류에 적극 반박하였다. 그리고 도항 전에 조선에 대해 막연히 가지고 있었던 불안과 공포에 대해서도 어머니가 류지와 조선인 시장을 다녀오며, "만사태평하고 나무랄 곳 없는 조선에 오는 데도 작별의 잔을 나누었"다고 조선에 건너오기 전에 과도하게 지니고 있었던 걱정을 겸연쩍어 하고 있었다. 그런데 앞으로 6장에서 살펴보겠지만 3·1독립운동 이후 일본인들의 이러한 인식은 더욱 심화되고 조선을 위험시하거나 무언가 불온한 사건을 일으킬 예비 범죄자로 보려는 시각은 폭넓게 확산되었다.

한일 남녀의 사랑과 비극적 결말

조선을 체험한 작가들이 조선을 무대로 한 작품을 창작할 때 흔히 사용하듯이 이 작품은 특별한 조선 관련 어휘나 원어를 살려야 할 부분에는 일본어로 조선어 토를 달아놓아 조선 색채를 강조하려고 하였다. 또한 이 작품은 이제 청소년기로 접어들려고 하는 어린 소년과 소녀의 풋풋한 사랑을 그리고 있는 분위기에 조응하여 조선의 정감이 물씬 풍겨나는 풍속과 전통적 분위기를 잘 표현하고 있다. 예를 들면 '제기차기', '팽이 돌리기', '연날리기' 등 천진난만한 아이들의 놀이와 '전통혼례'나 '풍년제'와 같은 풍속, 그리고 조선 장터의 시끌벅적한 모습, '서도잡가나 남도잡가에 섞여 아리랑 민요'가 울러 퍼지는 모습 등 조선적 풍토나 색채를 다양한 방식으로 새겨놓고 있다.

이러는 과정에 류지와 간난이는 한층 더 친숙해가고 장날의 만세시위 이후 이 지역의 독립만세를 외치는 소리도 한층 높아져 갔다.

"류지, 먼로주의라고 알고 있어?"간난이는 돌연 물었다.

"몰라."

류지가 대답했다. 간난이가 알고 있는 것을 모른다는 게 왠지 쓸쓸했다.

"미국의 윌슨, 윌슨 대통령이 말했어. 먼로주의, 민족은 자결해야 한다."

무슨 말인지 알 수 없었다.

"조선은 독립할 수 있어. 독립만세를 모두가 서로 외치고 있으면, 윌슨이 비행기로 도와주러 온대." …

여기저기의 작은 언덕에서 사람들이 일어나 독립만세를 외쳤다. 그 소리가 산에 밀려 와서 워 하는 소리로 튀어 되돌아왔다.

간난이는 두 팔을 들고 "만세—"라고 외쳤다.

류지도 팔을 들고 "반자이(萬歲)"라고 외쳤다.

"간난이는 만세—, 조선말이기 때문에, 류지는 반자이, 일본말이기 때문에. 좋아, 함께 외치자. 그렇게 하면 조선은 독립할 수 있어."

이 인용문은 류지와 간난이가 함께 산에 올라가 수원의 여기저기 언덕에서 들려오는 독립만세 소리를 들으며 나누는 대화이다. 간난이는 월슨의 민족자결주의를 말하며 조선의 독립에 대한 기대감을 말하고 류지는 먼로주의를 알지는 못하였지만 이러한 간난이의 간절한 희망에 동조하였다. 두 사람은 함께 만세를 외치면 희망에 부풀어 있었다.

조선과 밀접한 연관을 가지고 있었던, 더구나 커다란 역사적 사건을 형상화하고 있는 이 작품은 연구자들 사이에서 다양한 논의가 존재하지만 크게 보면 두 가지로 대별된다. 한쪽은 "일본문학자의 양심의 등불로서 기억될만한 작품"(中村新太郞, 1975. 9.)이라고 매우 긍정적 스탠스에서 평가하는 입장이다. 다른 하나는 중일전쟁 이후 1940년대에 당시 국책에 충실한 작가로서 일본문학 보국회를 비롯하여 다양한 어용문인단체에서 활동하였던 그의 이력에 기초하여 1946년에 다시 쓰인 이 작품이 이러한 그의 이력에 "면죄부"(高崎隆治, 1982)를 주려는 작품에 지나지 않는다는 평가가 이에 해당한다. 재일동포 문학연구가인 박춘일은 전자의 입장이고 임전혜는 후자의 입장이며 한국의 연구자들도 크게 보면 이렇게 대별할 수 있다.

물론 작가의 이력 속에서 후자와 같은 입장에 상당히 수긍이 가는 것도 사실이다. 그러나 이 작품이 직시하고 있는 3·1운동에 대한 자세라는 측면에서 본다면 적어도 이 작품은 당시 수원의 독립운동과 이에 대한 일본 관헌의 잔학한 탄압이 적나라하게 그려져 있다. 다음은 이 작품의 마지막 장면이다.

> 다음 나무그루 쪽을 보았을 때, 류지는 어떤 것을 보았다.
>
> "무엇일까, 저런 이것은 피투성이야. 지저분하군."
>
> 버려진 작은 조각을 류지는 가슴을 두근두근하면서 주워들었다.

하얀 조선 목면의 주머니, 비둘기가 두 마리 사이좋게 나란히 있고 그 것이 새빨갛게 피 묻혀있다.

"간난이."

류지는 부등켜 안고, 웅크리고 앉아 움직이지 않았다. …

류지는 그것을 듣자, 격정(激情)이 밀려와서,

"간난이."

"간난이."

라며 미친 듯이 찾아 돌아다니기 시작했다.

(간난이를 죽인 것은 반드시 군도軍刀를 휘두른 아저씨들임에 틀림없어.)

눈은 여전히 계속 내리고 있었다. 간난이의 아름다운 시체를 영원히 묻어버리려고 하는 것처럼.

이 부분은 간난이의 아버지가 새벽 다섯 시가 채 되지 않은 시간에 황급하게 순사인 류지의 아버지를 찾아와 간난이가 돌아오지 않는다고 하여 류지가 아버지를 따라 간난이 수색을 하다 어느 나무 그루아래에서 간난이의 유품을 발견하는 장면이다. 여기서 류지가 발견한 피투성이의 주머니는 일전에 장터에서 간난이가 "붉은 색, 푸른 색, 노란 색 세 줄의 실"을 구입하여 "조선에서는 좋아하는 사람에게 복주머니를 만들어 보낸다."며 목면에 비둘기 두 마리가 나란히 있는 모습을 수놓고 있었던 그 주머니였다. 수원의 언덕에서 교회가 불타는 모습을 바라보며 미완성의 복주머니를 보이고 "두 마리 나란히 있는 비둘기를 가리키"면서, "류지와 간난이"라고 쓸쓸하게 웃었"던 바로 그 복주머니가 간난이의 죽음을 알리는 증거물로 류지에게 돌아온 것이었다.

두 사람 사이에 메울 수 없는 다양한 차이가 존재하긴 하였지만 아이들 놀림 속에서도 풋풋한 첫사랑을 키워나갔던 이 비극적인 엔딩은 바로 일본 관헌의 무자비한 탄압의 결과였다. '먼로주의'와 '민족의 자결'을 말하면서 3·1독립운동에 따라 나섰던 간난이가 제암리 학살의 현장을 목도하면서 절망하였던 슬픈 표정, 간난이가 말하는 내용을 믿고 그녀와 함께 만세를 불렀던 류지가 간난이의 죽음을 상징하는 피 묻은 복주머니를 보면서 미친 듯이 절망하는 모습은 이 작품의 비극적인 결말을 상징한다. 이 작품에서 주인공들은 수원지역에서 일어났던 3·1독립운동의 희망을 보았지만 결국에는 총칼을 앞세운 무자비한 진압 속에서 절망적으로 막을 내린다. 순사로서 3·1독립운동 당시 진압 작전에 나섰을 류지의 아버지조차도 순사를 그만두겠다고 말할 정도로 이 소설은 경찰과 관헌의 무자비한 탄압에 대해 비판의 목소리를 보내고 있다.

3·1운동을 제재로 삼은 일본문학 작품은 조선인과 일본인 남녀의 사랑을 모티브로 하는 경우가 적지 않았다. 그러나 독립을 외치는 조선인들을 관헌들이 총칼로 무참하게 진압하였듯이, 이들의 사랑은 대부분 결실을 맺지 못하고 비극적으로 끝나는 경우가 많았다. 이는 마치 3·1운동이 독립을 기약할 수 없었던 것처럼, 이 개인들의 사랑도 결코 결실을 맺을 수 있는 것이 아니었다.

(3) 가해자 아들의 시선으로 본 제암리 학살사건: 가지야마 도시유키(梶山季之)의 『이조잔영(李朝殘影)』

평화로운 식민지 조선 — 숨겨진 3·1독립운동

유아사 가쓰에의 『간난이』라는 작품이 1918년 작약 꽃이 필 무렵에서 1919년 제암리 학살사건이 일어난 시점까지 수원을 무대배경으로 하여 3·1독립운동을 직접적으로 그린 소설이다. 이에 비하여 이 장에서 다룰 가지야마 도시유키의 『이조잔영』은 작품의 현재적 시공간이 1940년부터 태평양전쟁이 발발하고 일본이 말레이 전투나 싱가포르 점령으로 전장이 동남아시아로 확장되던 시기에 경성을 무대배경으로 하여 그린 소설이다.

그런데 식민자 2세로서 조선에서 태어나 경성에서 초중등학교를 나오고 현재도 경성에서 미술 교사로 근무하는 주인공 노구치 료키치(野口良吉)는 1941년 25세의 나이가 되어 처음으로 식민지 조선에서 3·1독립운동이라는 역사적 사건이 있었음을 알게 된다.

> 손에 잡고 첫 번째 페이지를 열어보자, "3월 1일 약 3, 4천명 학생은 예정대로 '파고다공원'에 집합하여 독립선언서를 낭독하고 시위행동을 개시하자 군중들은 이에 부화하여…"라는 모두의 문장이 눈에 들어왔다. …
>
> 이 평화로운 조선에서 20수년 전에 이와 같은 일대 소요사건이 발생하였다고는 그는 믿을 수 없는 일이었다. 그러나 이렇게 경과개요까지 발행되어 있는 것을 보면 틀림없는 사실인 듯하다.

> 그리고 당시의 조선에서는, 이 사건에 대해서는 역사 교과서에도 실리지 않고, 한일병합 이래, 그저 평화롭다고만 강조하고 있었다.(梶山季之, 1963)

이 3·1독립운동이라는 역사적 사건은 노구치의 유화 그림 모델이자 궁중무용을 특기로 하는 기생 김영순(金英順)이 어느 날 노구치의 가족 앨범에서 군복을 입은 그의 아버지 모습이 담긴 사진을 보고 분노에 찬 표정으로 아틀리에를 박차고 나가 다시 그를 만나주지 않는 의문을 노구치가 추적해 가는 과정에서 25년 생애 중에서 처음 맞닥트린 사실이다.

노구치는 아버지 서재에서 발견한『조선소요경과개요(朝鮮騷擾經過概要)』라는 팜플렛 소책자였는데 그는 3월분만을 읽고 "과거에 이러한 사건이 있었다는 사실이 신선한 놀라움"으로 받아들여졌다.

> 파고다 공원을 나왔을 때, 수천 명의 학생들이 있었다. 작은 강과 같은 존재였다. 그렇지만 만세를 연호하면서 학생들이 이태왕 전하의 영구(靈柩)가 안치되어 있는 덕수궁에 우르르 밀려들었을 때에 작은 강은 이미 큰 강이 되어 있었다.
>
> "조선독립만세!"
>
> 군중의 분노에 찬 고함은 이윽고 냄비 바닥과 같은 경성 거리를 흔들어 움직여서 전 시가는 곧바로 홍수의 소용돌이 속으로 사납게 날치기 시작했다.
>
> 그날 중에 평양, 원산으로 불이 번지고, 다음 날은 황주, 진남포, 안

주, 나아가 3일째에는 개성, 겸이포, 사리원, 선천, 함흥…이라는 식으로 불이 번져 갔다.

조선 주둔 일본인 군대에서 간행된 팜플렛 책자였음에도 불구하고 이 책자에는 3·1독립운동이 상세하게 기술되어 있었는데, 이들 사건은 노구치에게 새로운 역사적 사실을 각성시키며 신선한 놀라움으로 받아들여졌다. 왜냐하면 그가 받은 역사 교육은 일제강점기 내내 평화로운 시절만 이어졌고 이러한 분위기 속에서 조선은 식민지 내내 발전을 거듭하였고 전국적인 규모의 독립 시위나 조선인의 민족의식은 식민지 조선에서 당연히 터부시되었던 사건이었기 때문이다.

가지야마 도시유키와 한반도

이 작품의 작가 가지야마 도시유키는 3·1운동을 배경으로 하는 작품으로는 두 작품이 존재한다. 먼저 1953년「무지개 속(霓のなか)」이『히로시마문학(広島文学)』에 발표되었고 이 작품을 개작, 증보하여 1963년『문예춘추(文藝春秋)』에 발표한 소설이 바로「이조잔영」이다. 그리고 이 작품은 1967년 신상옥 감독에 의해 한국에서 영화화되어 대종상 후보가 되기도 하였다.

유아사 가쓰에는 초중등학교를 조선에서 보내고 일본으로 건너간 작가라면 가지야마 도시유키는 조선에서 태어나 초등학교와 중등학교를 다니다 1945년 일본 패전으로 인해 어쩔 수 없이 일본으로 되돌아가 그 이후 문단 데뷔를 한, 이른바 서울이 고향인 작가이다. 가지야마는 그의 조선총독부의 토목기사인 아버지와 하와이 일본인 이민 2세인 어머니 사이에서 1930년 경성에서 3남 1녀 중 차남으로 태어났다. 그는 남대문 근처에 있었던 비교적 당시 경성의 일본인 상층부 자녀들이 다녔던 남대문공립소학교를 다녔고 1938년에는 당시 신흥 고급주택지였던 현재의 신당동으로 이사를 하였으며, 1942년에는 현재 서울 중·고등학교의 전신이자 인왕산 기슭의 경희궁 자리에 위치한 명문학교인 경성중학교에 입학하였다. 한편 3학년이던 1944년부터 학도동원령으로 인천육군조병창에서 총을 만드는 일을 돕기도 하였으나 일본 패전으로 1945년 11월 7일 신당동에서 일본으로 되돌아갔다.

일본에 돌아간 이후에는 부모의 출신지역인 히로시마에서 학교에 들어가 지금의 히로시마대학인 히로시마고등사범학교 국문과를 졸업하였다. 그는 한때 신문사에 합격하기도 하였지만 신체검사가 통과되지 않아 방황을 하다, 결국 문학자로서의 길을 걷게 되는데 그의 문학 창작의 본령은 어떻게 보면 대중문학이라 할 수 있다. 기업소설, 풍속소설, 추리소설, 포르노소설 등 다양한 분야에 걸쳐 대중소설을 매년 엄청난 분량으로 다작한 소설가이며 이 소설들로 인해 유행작가의 반열에 올라 상당한 인세수입을 올렸던 작가이다. 그리고 이 중 많은 작품들이 영화나 드라마로 제작되기도 하였다.

그러나 이렇게 가지야마가 수많은 베스트셀러 대중문학 작품을 남겼음에도 불구하고 그가 죽고 나서 관속에 넣은 작품이 바로 이 「이조잔영」이라는 점을 보면 작가가 이 작품에 가지고 있었던 애정의 정도를 엿볼 수 있다. 이렇듯이 그는 그의 유소년기와 청소년기를 보냈던 한반도, 특히 서울에 많은 애정을 가지고 있었다. 1963년 다시 찾은 서울 거리를 묘사하며 "한국은 이른바 내가 태어난 곳이고 서울은 내 소년시대의 요람과 같은 곳이며 소년시대의 모든 추억이 서울의 길목에 달라붙어 있다…."(梶山季之, 1965. 3.)고 말할 정도이다. 그렇기 때문에 가지야마는 수많은 한반도 관련 작품이나 에세이를 남겼다. 예를 들면 1952년 『히로시마문학(広島文学)』에, 그리고 이를 가필・증보하여 1961년 『문학계(文学界)』에 게재한 「족보(族譜)」는 일제강점기 말 창씨개명에 저항하고자 하지만 끝내 굴복할 수밖에 없었던 대지주 벽진영(薛鎭英)의 자살과 이러한 창씨개명을 비판적인 시선으로 바라본 경기도청에 근무하는 일본인 주인공을 그렸다. 이 소설은 임권택 감독이 영화화하여 1978년 대종상 작품상, 감독상, 남우주연상을 휩쓴 화제작이었다.

이외에도 가지야마는 「성욕이 있는 풍경(性欲のある風景)」, 「밀선(闇船)」, 「경성 1936년(京城・昭和十一年)」, 「잘 있어라 경성이여(さらば京城)」, 「무궁화꽃이 필 무렵(木槿の花咲く頃)」과 같이 한반도를 제재로 한 작품들을 연이어 발표하였다. 가지야마가 1961년 독립운동가이자 『사상계』를 간행하였던 장준하에게 보낸 편지에서 과거 한반도를 식민지로 삼았던 과거의 죄를 도려내어 일본인에게 알려주고 싶다고 기술하였다는 점을 감안한다면 그가 고향이었던 서울에 그렇게 애착을 드러내며 수많은 한반도 관련 작품과 에세이를 창작한 배경의 일단을 엿볼 수 있을 것이다.

가지야마는 이러한 '조선' 관련 작품군 이외에도 '이민'과 '히로시마 원폭'이 그의 커다란 문학적 주제 중 하나였다. 이는 그의 어머니가 하와이 오아후섬에서 태어난 일본인 이민 2세였다는 사실, 히로시마가 부모들의 출신지였으며 일본 패전후 가지야마가 이 히로시마에 정착하여 학교를 다녔기 때문에 자연스럽게 탄생한 테마라고 할 수 있다.

사멸해가는 조선 문화의 아름다움

이 작품의 주인공 노구치가 식민지 조선이 지금까지 자신이 알고 있었던 것처럼 결코 평화롭지만은 않았으며, 조선인들에 의해 1919년 대규모 독립운동이 있었다는 사실을 알게 된 계기는 앞에서 밝혔듯이 노구치의 유채화 모델이자 기생인 김영순이 그의 가족 앨범을 보다 격노하며 그의 아틀리에를 뛰쳐나간 이유를 추적하던 과정에서였다.

경성에 위치한 사립여학교 미술담당 교사였던 노구치 료키치는 1940년의 어느 여름날 일제강점기 조선인들 거리였던 종로 뒤쪽의 친구와 더불어 한 술집에 방문하였다가 우연히 세브란스 의과대학에 근무하는 조선인 조교수 박규학을 만난다. 그와 대화를 나누다 박규학이 "궁정무용에는""조선의 미가"있다고 말하며 그의 권유로 "종로 인사동의 「홍몽관(紅夢館)」이라는 요정(料亭)"을 방문하여 지금까지 한 번도 본적이 없었던 조선의 전통적인 궁중무용을 춤추는 기생 김영순을 만난다. 김영순은 기생이었지만 춤을 추는 것 외에는 자신을 찾아온 손님들에게 술을 권유하거나 눈웃음도 주지 않고 늘 도도하고 당당한 태도를 취하고 있었다.

도쿄 미술학교에서 미술을 전공하고 현재도 미술을 가르치고 있었던 노구치는 김영순의 전통무용에 매료되어 이 조선무용의 전통미를 그림에 담아 조선미술전람회에 꼭 출품하고 싶다는 희망을 품게 되었다. 그러나 김영순은 한사코 일본인 화가가 그리는 그림의 모델을 거절하였다. 노구치가 여러 번에 걸쳐 조선의 아름다움을 꼭 화폭에 남기고 싶다고 김영순을 설득하여 그의 진정성을 인정받는다. 그래서 장소가 협소한 요정의 방이 아니라 창덕궁에서 춤추는 김영순의 모습을 대상으로 삼아 오랜 시간에 걸쳐 궁중무용 장면이 화폭으로 담겨지게 된다. 그런데 거의 그림이 완성을 보려던 어느 날 노구치의 아틀리에에서 김영순은 노구치 가족의 앨범을 보다가 앨범 속에 있었던 노구치 아버지의 군인 시절 사진을 보고 강렬한 분노를 느끼고 곧바로 아틀리에를 뛰쳐나가 더 이상 그를 만나 주지도 않았다.

그런데 이 작품에서 '이조잔영'이라는 타이틀을 붙인 것도 여주인공인 기생 김영순의 조선 전통 궁중무용을 보고 무용의 아름다움에 감동을 받아서 "사라져 가고 있는 조선의 풍속, 그것이 가지는 애절한 아름다움을" 그려서 화폭에 담아 그 아름다움을 남기고 싶다는 희망이 담겨 있었다. 원래부터 노구치는 "종로에는 조선의 향취가 있고 습관이 있으며 색채가 있었다."며 조선 풍속이 넘쳐나는 조선인들의 거리 종로를 좋아하였다. 그는 "이 종로 거리의 풍물에 의해 조선인의 생활을 알고 그리고 매년 사라져 가는 조선 풍속을 알았다."고 할 정도로 이 거리가 일본화되어 버려서 매년 조선 풍속이 사라지는 현실을 안타까워하였다.

그러던 차에 노구치는 김영순의 전통무용을 보고 "묻혀져 있었던 조선을, 본 것 같은 느낌이 듭니다. 쓸쓸하지만 사람들의 마음에 호소하는 아름다움"을 캔버스에 그려 "사멸하고 있는 조선의 풍속, 그것이 가지는 애처로운 아름다움을" 남기고 싶다는 희망을 품게 된 것이다.

이에 대해 한일비교문학과 문화 전문가인 가와무라 미나토는 이러한 사라져 가고 있는 조선의 풍속 그 "애절한 아름다움"에 대해 이러한 "'비애의 미'나 '멸망의 담론'이 결코 일본에 의한 조선의 식민지 지배를 부정, 비난하는 것이 아니라 오히려 결과적으로 그 식민지 지배를 긍정하고 암묵 속에서 그러한 식민지 지배의 체제, 식민지 정책이나 식민지 행정을 지지하는 것으로 변질되어 가는 점이 있"(川村湊, 2002)음을 지적하고 있다. 나아가 이 당시 조선미전이 조선적인 풍물을 많이 소재로 하고 있고 기생을 그린 그림이 실제 상을 수상하는 경우가 있음을 실증하고 있다. 가와무라도 기술하고 있듯이 조선의 미를 '비애의 미', '선(線)의 미'로 정의하여 이를 기술한 대표적인 사람이 바로 2장에서 보았던 야나기 무네요시였다. 이러한 예술의 미는 오랫동안 조선을 대표하는 예술적 가치로 회자되는 경우도 적지 않았다.

그리고 이러한 인식에서 광화문 철거에 강하게 이의를 제기하였던 「사라지려고 하는 한 조선 건축을 위해」(1922. 9.)라는 글의 제목이 제시하듯이 항상 사멸해가려고 하는 조선의 예술문화를 지칭하는 것이기도 하였다. 무네요시가 조선의 예술을 가리키며 "언제나 슬픔의 아름다움이 있다. 눈물로 넘치는 외로움이 있다. 나는 그것을 바라볼 때 가슴에 목메어 오는 감정을 억누르기 어렵다. 이렇게까지 비애의 미가 어디에 있을까"(柳宗悦, 1920)라며 조선문화에는 항상 슬픔의 아름다움과 눈물겨운 외로움이 내재되어 있다면서 '비애의 미'를 조선문화의 가장 큰 특징으로 보았다. 이에 대해 1970, 80년대 재일 한국인 소설가 김달수, 시인 최하림, 이만열 등이 '비애의 미'라는 무네요시의 견해를 당시 제국일본의 식민사관의 연장선상에서 파악한 주장이자 조선문화가 약동과 저항, 그리고 활력성을 보지 못한 결과라고 강하게 비판하였다. 그러나 재일사학자 이진희는 무네요시의 이러한 견해는 1920년대 전반의 특징에 지나지 않고 오히려 1930년대가 되면 민예론의 전개와 더불어 조선문화를 건강하게 파악하고 있다는 의견을 비롯하여 야나기 무네요시를 균형 있게 바라보려는 의견이 주류를 차지하게 된다.

그리고 이 당시 식민지 조선의 미술계뿐만 아니라 문학계에서도 조선적인 전통문화나 조선적인 소재를 많이 활사시키려고 하였다. 이는 크게 보면 중앙 일본에 대비되는 지방 조선의 로컬컬러를 강조하려는 경향이며 이 조차도 크게는 식민지주의 담론에 환원되는 경우가 적지 않음은 익히 알려진 사실이다. 그러나 이때 조선적인 색채를 강조하려는 소재 선택의 문제가 아니라 이에 대한 관점이 중요하다고 할 수 있다. 이러한 인식을 단순히 식민지주의로 환원하지 않고 야나기 무네요시처럼 오랫동안 근대일본 지식인들이 조선문화가 중국의 아류이며 독창적인 것이 없다는 조선문화 부재론을 극복하고자 노력하였고 조선문화는 중국와 일본을 뛰어넘어 매우 우수한 독창성과 예술성을 가지고 있음을 입증하려고 하였던 노력을 결코 간과해서는 안 되기 때문이다.

가지야마 도시유키가 이러한 조선의 미에 이렇게 까지도 이끌리는 것은 결과적으로 그의 속죄 의식과 밀접한 연관을 가지고 있는데 이는 아래에서 상세하게 보도록 한다.

속죄하는 주인공 — 제암리 학살사건 가해자 아들과 피해자 딸

김영순은 그림의 완성을 얼마 남겨두지 않고 군복을 입은 노구치 아버지의 사진을 보고 격노하면서 사진집을 그림 위로 내던지고 아틀리에를 뛰쳐나간 이유는 어디에 있을까? 노구치는 김영순의 분노와 군복 입은 아버지 사진 사이에 어떤 비밀이 있는지 그 의문을 풀기 위해 하나하나 퍼즐을 맞추어 나가기 시작한다.

그 퍼즐을 맞추는 과정에서 처음으로 알아낸 사실이 모두에서 본 대로 식민지 조선은 결코 평화롭지 않았으며 조선 민중들이 식민지 지배에 강한 거부감을 가지고 있었다는 역사적 사실의 발견이었다. 그 다음 단계로 앨범 속의 아버지 사진은 그가 근무하였던 수원 인근의 발안리를 배경으로 찍은 것이며 아버지가 근무했던 군부대가 발안리 조선수비대라는 사실을 알아내게 된다. 그리고 그는 『조선소요경과개요』에 기술된 발안리 인근에서 일어났던 4월 15일 제암리 학살사건을 서술한 "냉혹한 문장"을 보고 "그리고 깜짝 놀라서 눈을 크게 뜨"지 않을 수 없었다. 그는 일본 측 군부대에서 작성한 책자를 통해 이 사건을 접했음에도 불구하고 직감적으로 "너무 잔혹한 짓"이라며 "이것은 학살이었다"고 단정해 버린다.

한편으로 이 퍼즐의 또 다른 축인 김영순의 출생지를 찾기 위해 그녀의 호적을 조사하는 과정에서 그녀의 출생지가 "수원군 향남면 제암리"라는 사실까지 알아내게 되었다. 이로 인해 그녀가 지금까지 기생이었음에도 불구하고 왜 일본인 남성과 술을 하지 않았는지, 그리고 일본인 남성들에게 왜 적대적인 태도를 취하고 있었는지를 이해하게 된다. 노구치는 "부친의 사진을 보고 그때 노여움으로 변한 영순의 굳어진 표정이 그의 가슴을 은빛 바늘로 푹 찌르는 것" 같은 느낌을 받고 그녀를 다시 찾아갈 용기조차 가지지 못하였다. 이러한 새로운 역사적 사실과 사건을 알게 된 노구치 료키치는 "어떤 양심의 가책을 느끼고 날이 갈수록 우울한 교사가 되어"가기만 하였다.

노구치가 3·1독립운동의 사실을 알게 된 것은 일본이 하와이 진주만을 공격하여 태평양전쟁에 돌입한 전날, 즉 1941년 12월 6일이었다. 경성 온 거리가 "경기가 좋은 군함 마치의 전주곡으로 시시각각 일본 육해군의 전과가 보도되고", 말레이전투 승리와 마닐라 점령, 싱가폴 함락으로 "경성 부민들을 전승기분으로 끌어들이"던 시점에, 노구치는 과거의 역사적 진실, 특히 자신의 아버지가 제암리 학살사건을 주도한 군인이었으며 내밀히 마음이 이끌리고 있었던 김영순의 과거 숨겨진 비극, 즉 가해자의 아들과 피해자의 딸이라는 사실과 싸워나가지 않으면 안 되었다.

그러는 과정에 2월 말에 노구치가 이영순의 전통무용을 모델로 하여 그림으로 그려 출품한 '이조잔영'이라는 작품이 '특선의 제1등'을 차지했다는 사실을 그의 학교로 인터뷰하러 온 경성일보 기자로부터 듣게 된다. 3월 5일부터 총독부미술관에 조선미술전람회 출품 작품의 전람회가 개최되었다. 그런데 여기서 예기치 않은 사건이 발생한다. 개최 8일째에 조선군 참모장 다자와 가이치로(田沢嘉一郎)가 조선미술전람회 구경을 하러 와서 그 그림을 보고 그림의 주인공이 김영순이라는 사실을 직감적으로 알아챈다. 다자와 중장은 그녀의 춤추는 모습을 보고 그녀에게 마음이 이끌렸지만 그녀에게 계속하여 거절당한 악연을 가지고 있었고 이로 인해 다자와 중장은 김영순에게 나쁜 감정을 가지고 있었다. 이러한 관계로 다음 날 헌병이 노구치가 수업을 하고 있는 여학교로 찾아와 그를 헌병사령부로 연행하였다. 취조의 내용은 일본이 전쟁을 수행하는 비상시국에 학교 교사가 기생을 모델로 하여 그림을 그렸다는 사실을 핑계로 삼아, 그와 김영순의 관계와 '이조잔영'이라는 그림의 제목을 조사하였다. "이조가 자취를 남기고 있다고 하면 일반 민중은 아직 이조가 살아남아 있는듯한 인상을 받는다. 게다가 장소는 덕수궁이고 점점 너의 작의가 느껴지는데?"라며 그에게 그림의 제목을 변경할 것을 강요하였다.

> ―― 그날 밤, 노구치는 차가운 헌병대의 유치장에서 부들부들 떨면서 지내지 않으면 안 되었다. 3월 중순이라고 해도 조선에서는 아직 겨울이었다. 그는 기껏해야 그림 모델이나 제명(題名)의 건으로 후려갈기거나 구류하거나 하는 헌병의 난폭함에 참을 수 없었다. 노구치는 저 제암리의 학살사건, 그리고 방화사건도 일본 군대에서는 일어날 수 있다는 사실을 몸소 체험하였다. …
> 노구치의 볼은 눈물로 엷게 젖어있었다. 그가 가장 두려워하고 있었던 일은 역시 사실이었다. 자신의 아버지가 저 영순의 아버지를 죽였던 것이었다….

그러나 위 인용문에서 보듯이 이러한 헌병대의 조치에 반발한 노구치는 결국 헌병대 유치장에서 구류되어 군대의 난폭함을 몸소 경험하며 이를 제암리 학살사건과 클로즈업한다. 그리고 그의 신상을 조사한 헌병대로부터 자신의 아버지가 제암리 학살사건을 지휘한 발안장 수비대 대장이었다는 사실을 알고 눈물로 절망하였다. 그리고 그림의 제목을 변경하라는 강요에 차라리 특선의 상을 취소하겠다고 하다가 크게 폭행을 당하는데 그는 헌병들의 난폭한 폭력에 직면하면서 "김영순의 얼굴이 환영처럼 바로 가까이에 있"다고 느낀다.

이 작품은 기본적으로 제암리 학살사건의 가해자 아들 노구치와 피해자 딸 이영순의 관계 — 화가와 모델, 연정을 품는 자와 피하는 자 — 를 그리고 있는 소설이다. 태평양전쟁이 개시되는 험악한 분위기 속에서 노구치는 집요하게 과거의 역사적 사실에 접근하고 있으며, 이러한 과정 속에서 제암리 학살사건의 실체를 끄집어내어 "무고한 백성을 살상한 죄"에 대한 속죄의 의미를 널리 알리고자 하였다.

5장

3·1독립운동의 문화적 영향과 한반도 일본어 문학

조선의 도자기는 어떤 의미에서 매우 근대적인 느낌이 있다. 현재 일본의 도자기가 가지지 못한 것, 부족한 것을 가지고 있기 때문에 진정한 예술을 이해하는 사람이라면 어느 누구의 마음에도 울림이 있음은 당연하다. 조선의 도자기도 영구히 근대적이라고 할 수 있는 소질을 가지고 있다 … 조선 도자기의 문제가 나오면 일반적으로 곧바로 중국과 비교한다. 그리고 중국 앞에서는 비교가 되지 않는다고 말한다. 이는 조선 도자기에 좋은 개성이 배어 나오고 있음을 알지 못하는 사람들의 말이다. (浅川伯教, 1922. 9.)

1910년대까지 조선인들에 대해 온갖 부정적인 인식과 더불어 일본의 지식인들은 조선의 문화예술과 문학에 대해서도 중국의 아류이거나 독창적인 것이 없다는 인식이 널리 퍼져있었다. 아니 오히려 이러한 이미지를 적극적으로 만들어 조선을 일본의 선진적인 문화예술이 이식되어야 할 곳으로 바라보고 있었다.

위의 인용문은 1911년 한반도로 건너와 오로지 조선의 공예예술의 매력에 빠져서 조선의 도자기와 미술공예 연구에 평생을 바치고 조선의 미술공예의 우수성과 독창성을 체계적으로 밝혔던 아사카와 노리타카가 「이조 도기의 가치 및 변천에 대해(李朝陶器の価値及び変遷に就て)」라는 제목으로 『시라카바(白樺)』의 조선도자기 특집호에 게재한 글이다. 위에서 살펴보았던 야나기 무네요시의 조선과 조선 미술공예에 대

한 인식 형성에는 아사카와 노리타카가 조선의 문화예술에 관해 제공한 정보와 자료가 큰 자극이 되었다. 그리고 1924년 경성에 최초의 미술박물관인 '조선민족미술관'을 설립하는 데 있어서도 동생 다쿠미와 더불어 그들이 모았던 미술품을 모두 기증하며 크게 기여를 하였다.

3·1운동은 조선인의 차별 문제와 조선총독부의 무단정치의 문제를 되돌아보게 만들고 왜 조선이 일본으로부터 독립을 해야 하는지를 제기한 민족운동이었다. 그런데 이 3·1운동으로 인해 종래 일본인들이 가지고 있었던 조선의 문화예술에 대한 그릇된 인식과 편견에 대해서도 일대 변화가 일어났으며 조선의 전통문화를 새롭게 인식하게 만든 문화적 운동의 성격도 가지고 있었다.

그러나 3·1운동이 일어났을 때 한반도에 거주하고 있었던 일본인들에게 있어서 이 만세운동은 일대 충격적인 사건이었다. 초기에는 전국 각지에서 일어난 식민지 조선의 만세운동에 대해 당시 일본 내 언론들 대부분은 '폭동', '폭도', '소요'로 표현하며 강도 높게 비판하였다. 다른 한편으로는 전국적 규모로 전계층이 참여하는 민족운동의 전개를 보면서 조선총독부의 정치행태와 한반도에 거주하던 일본인들의 행동에 대해서 반성적으로 되돌아보기에 이르렀다. 뿐만 아니라 이들 재조 일본인들이 간행하던 일본어 잡지 '문예란'에 3·1운동에서 소재를 취한 문학작품을 게재하기도 하였다.

예를 들면, 「소설 꽃이 필지 말지(小説 咲くか咲かぬか)」(1919. 12.), 「소요여문 기생의 사랑이야기(騒擾餘聞 妓生の恋物語)」(1919. 8.), 「가는 봄날 저녁(逝く春の夕)」(1922. 5.) 등이 이에 해당하는데, 이들 작품은 일본에서 창작된 3·1운동 관련 작품보다 이 사건을 재빠르게 소재화하여 보다 동시대성을 가지고 있었다. 이 작품들은 식민지 조선 현지에서 직접 3·1독립운동을 지켜보았던 조선 거주 일본인, 이른바 '재조일본인'들이 3·1독립운동과 조선인 차별문제, 나아가 조선 통치 방식을 두고 벌인 일종의 논쟁을 잘 반영하고 있다. 한편, 이 3·1운동의 연장선장에서 민족독립의식의 고양과 더불어 1919년 9월 2일에는 지금의 서울역인 남대문역에서 한반도에 새롭게 부임하는 조선총독부 제3대 총독인 사이코 마코토 일행을 향해 폭탄을 투척한 강우규 의사의 폭탄 투척사건이 일어난다. 이들 사건에 대해서도 한반도의 일본어 잡지에서는 「폭탄사건(爆弾事件)」(1919년 10월), 「동료 T의 죽음(僚友Tの死)」(1920년 3월), 「병원에 반듯이 누워(病院に仰臥して)」(1920년 2-5월) 등과 같은 문학작품이 게재되기에 이른다.

따라서 이 장에서는 3·1운동을 현장에서 목도하였을 한반도 거주 일본인들은 3·1운동을 어떻게 바라보고 인식하였는지 당시 한반도에서 간행된 일본어 종합잡지를 통해 알아보도록 한다. 그리고 3·1운동과 강우규의 사이토 총독 폭탄 투척사건을 소재로 하여 한반도의 일본어잡지에 게재한 문학작품을 검토하여 이들 작품에 조선의 민족운동이 어떻게 형상화되고 묘사되어 있는지를 알아보기로 한다.

(1) 재조일본인의 반발과 각성

일본인의 한반도 이주와 조선인 차별

근대기 이후 일본인들이 한반도에 집단적으로 이주하여 일본인 부락을 형성한 것은 역사적으로 오래되었다. 일본에서 1868년 메이지유신(明治維新)이 일어나고 서양식의 근대화를 추진하면서, 1876년에는 조선과 불평등조약인 강화도조약(朝日修好條約)을 체결하고, 조선이 일본에 부산, 원산, 인천을 개항하면서 일본인이 조선에 집단적으로 건너왔다. 그래서 일본 내에서 식민열기의 고조와 조선을 강제 병합하고자 하는 일본 정부의 정책적 지원 아래에 한반도로 이주한 일본인은 1880년 2,066명, 1890년 7,245명, 1900년 15,829명, 1905년 42,460명, 한일강제병합 직후인 1910년 말에는 171,543명으로 급증하였고, 3·1운동이 일어나던 시점에는 약 30만 명, 1942년 말에는 약 75만 명에 육박하였다.

특히 1905년 조선이 일본의 '보호국'이 되고 1910년 일본에 의해 한국이 강제 병합된 시기에 이르기까지 "거류민의 증가와 거류지의 확대를 배경으로 이사청(理事廳) 소재지에 거류민단이, 그리고 그 관할 지역내의 주요이역에 거류민회 혹은 일본인회가 설치되었"고 "일본인들은 거류지의 지명을 일본풍으로 붙이"(高崎宗司, 2002)기 시작하였다. 그리고 이들 일본인들 대부분은 조선인들이 사는 지역과 구분하여 자신들의 거주지를 만들어 생활하였다. 서울의 경우만 보더라도 일본인들은 남산을 중심으로 하여 지금의 충무로, 남대문로, 태평로, 명동, 회현동 등에 혼마치(本町), 신마치(新町), 야마토마치(大和町), 고토부키초(寿町) 등 일본인 거리를 형성하여 을지로 이북 지역의 조선인 거주 공간과 섞이지 않고, 그들만의 거주지를 별도로 형성하여 조선 속의 일본인 거주지를 만들어갔다.

그런데 19세기 후반 이래 많은 일본인들이 한반도로 도항하는 현상은 1890년대 이후 점증하는 일본 내 식민 열기가 그 바탕에 있었다.

특히 조선의 경우 조선 내 일본인 숫자가 비약적으로 증가하는 데에는 "조선의 군사적· 경제적·문화적 지배권을 확립하기 위한 수단으로 조선 이민을" 촉진하고자 하는 "일본 정부의 이민 장려정책"(高崎宗司, 2002)이 큰 역할을 수행하였다.

당시 일본인들은 앞에서 제시하였듯이 매년 그 숫자가 급증하면서 한일해협을 건너 한반도에 들어와 일본인 커뮤니티를 형성하는데, 1900년대 초가 되면 전국 각지에서 그들 일본인 사회의 이익을 대변하고자 일본어 신문과 잡지를 연이어 간행하였다. 이들 일본인의 한반도 이주에 즈음하여 더욱 문제가 되는 것은 조선인에 대한 차별과 멸시이다. 근대 일본의 지식인들이 조선인들을 부정적이고 야만적인 이미지로 폄하하면서 자신들을 우월적이고 문명적인 이미지로 만들어갔듯이 조선에 거주하는 일본인들도 이러한 의식을 적극적으로 개진하고 조선인을 차별하고 멸시하였으며, 식민이주 정책을 선전하고 한반도 거주 일본인의 권익을 적극적으로 보호하고자 하였다.

이렇게 조선을 식민지화하고자 하는 장기간의 정책적 영향 속에서 일본인들은 조선에 건너오게 되는데 식민지 정책을 수행하기 위해 군인과 경찰, 그리고 관료들은 물론 교사, 언론인들, 나아가 새로운 공간에서 경제적 이득을 취하기 위해 무역업자, 상공업자, 금융업자, 광산업자들도 도한하게 된다. 이들 일본인들은 일본의 이주정책에 적극 협력하면서 어떤 경우에는 불법으로 조선의 일부 지역을 점유하는 경우도 있었고, 전당포나 고리대 사업으로 크게 이익을 올리는 경우, 부동산 업자가 아주 헐값으로 조선의 토지를 매입하여 수십 배 이상의 수익을 남기거나, 농지를 매입해 간척이나 농장을 운영하는 경우, 특별한 업종의 무역을 매점매석하거나 광산 개발을 통해 막대한 부를 축적하거나 특정한 지역의 어업을 석권하여 어촌을 형성하는 경우 등 다양한 형태로 정치적, 경제적 이익을 취하였으며 한반도 내에서 그들의 권익을 위한 다양한 제도적 장치를 만들어 갔다. 이들이야 말로 당시 일본의 식민지 정책과 식민지주의에 입각하여 일본에서 한일해협을 건너서 한반도로 들어오는 가장 일반적인 일본인들이었다.

그런데 이 당시 한반도로 들어온 일본인들 중에는 식민지 정책이나 경제적 이득과 연계된 이와 같은 사람들뿐만 아니라, 하녀, 일용직 노동자, 농민이나 상인, 유곽의 기녀나 작부 등 이른바 사회 하층민들도 새로운 일자리의 기회를 찾아 건너오게 되는 데 이들은 이 당시 일본문학과 한반도 내 일본어 문학의 주요 소재가 되기도 하였다.

일본어 잡지의 반응과 재조일본인들의 반발

당시 이러한 재조일본인이 주 독자층이었던 일본어 잡지들은 3.1독립운동에 곧바로 반응하였다. 당시 최대 재조일본인 잡지였던 『조선급만주(朝鮮及滿州)』의 경우 4월 1일자에서 「조선소요일기(朝鮮騷擾日記)」를 통해 각 지역의 3·1운동의 양상과 흐름을 상세하게 기록하였을 정도로 이들 잡지 미디어는 이 만세운동과 관련하여 민감한 반응을 보이며 대량의 기사를 만들어냈다. 이렇듯이 이들 잡지들은 한반도에 거주하던 일본인들이 이 사건을 어떻게 생각하는지에 대해 '조선소요사건과 관민의 소감'(『朝鮮及滿洲』, 1919. 4.)을 게재하여 그 의견을 게재하는 등, 3·1독립운동 발생의 요인과 규모, 앞으로의 영향 등에 상당한 지면을 할애하며 수많은 기사들을 생산하였다.

• 더구나 이번의 사건은 보통의 소요와는 다르다. 적어도 독립운동이다. 즉 일본제국에 대한 반역행위이다. 일본 통치권의 침해자이다. 한 발짝도 가차할 이유가 없으며 국가의 역적이며 국가의 적으로서 준엄한 태도를 취해 확고한 처치를 취해도 좋다.(釋尾旭邦, 1919. 4a)

• 조선은 유럽 전쟁과 어떤 관계도 가지지 못하고 또한 하등 당사자로서 다투는 나라가 아니며 오늘은 완전한 일본의 영토이다. 조선인은 완전한 제국의 백성이다. … 하물며 이번의 강화문제와는 전혀 어떤 관계도 없는 데 있어서랴.(釋尾旭邦, 1919. 4b)

• 그리고 진실한 의미에서 민족자결주의에 의해 이루어진 일선(日鮮) 병합이 조선에 복지와 안녕, 평화와 문명, 그리고 자유와 번영을 얼마나 초래했는지는 새삼 여러 말을 할 필요가 없으며 사실이 이를 증명하고 있다.(牧山耕藏, 1919. 4.)

3·1독립운동에 대한 재조일본인 잡지의 1차적인 반응은 위의 기사에서 보는 바와 같이 이 운동에 가담한 조선인을 '폭도'나 '폭민(暴民)'이라 규정하고, 만세운동을 '소요' 또는 '망동'이라 규정하면서, 만세운동이 '일본제국에 대한 반역행위'이자 '국가의 역적'이므로 이러한 움직임에 대해 단호하고 준엄한 대처를 요구하고 있다. 특히 두 번째 인용문을 보면 3·1독립운동의 사상적 기반이었던 윌슨의 민족자결주의는 "유럽 대전(大戰)"으로 인해 "국토가 유린된 나라" 또는 "다년 갑국과 을국의 쟁탈지로서 다툼 속에 있는 국토에 한정"된다는 논리를 통해 조선은 이에 해당되지 않음을 논리적으로 입증하고자 하였다. 당시 한반도에서 간행된 일본어 미디어에서는 민족자결주의가 식민지

조선에는 해당되지 않음을, 특히 제1차 세계대전의 전승국 중 하나인 일본에는 적용될 수 없는 사항임을 특별히 강조하고 있다. 이러한 흐름 속에서 세 번째 인용문의 경우에는 '일선병합' 자체가 오히려 '민족자결주의'에 기초한 것이라는 논리를 동원하고 있다. 더구나 그러한 '병합'이 조선에 다대한 복지와 자유, 문명을 가져왔다고 설파하면서, 3·1독립운동에 나선 조선인을 배은망덕한 자들이라고 일방적으로 매도하고 만세운동의 논리적 근거들을 무력화하고자 하였다.

이렇듯, 3·1운동을 현장에서 목격한 재조일본인들은 1차적으로 이 만세운동에 대해 한편으로는 세계정세의 논리를 통해, 다른 한편으로는 식민지주의적 인식을 통해 조선인들에 대한 보다 단호한 조치를 요구하고 있었다. 나아가 이 만세운동이 가지고 있었던 기본적 취지에 대해서는 의식적으로 이를 무시하고 이들 모든 사태의 책임을 조선인들에게 전가하고자 하였다. 그럼에도 불구하고, 이들 일본어 잡지의 기사에서는 당시 식민지 통치 방식은 상당 부분 개선해야 할 점이 많으며, 조선인들이 총독부에 대해 응당 '불만'과 더불어 '수많은 비난'을 가질 수밖에 없었던 조선총독부의 무단정치의 폐해와 조선인들이 놓여있었던 불평등한 사회적 환경에 대해서도 수긍하는 인식을 보여주는 경우가 적지 않았다.

3·1운동에 대한 재조일본인들의 각성

사실, 3·1독립운동이 일어나고 그 기세가 전국을 강타하고 매일같이 각지에서 '만세' 시위가 전개되자, 재조일본인 미디어는 곧바로 상당한 지면을 할애하면서 지금까지 식민지 통치 방식과 조선인에 대한 차별적 태도를 시정해야 한다는 기사도 연이어 실리게 된다.

• 무단주의를 통해 그들에게 임한다는 것은 시세가 허용하지 않는다. … 조선 각지에 배치되어 있는 헌병은 조선인을 위해서는 결코 좋은 아저씨가 아니다. … 조선인에 대한 차별적 대우며, 일본인의 허세 등에 대해서는 당연히 조선인들은 반감을 품게 된다. 일본인 중 진심으로 온정을 가지고 조선인 동화를 위해 헌신적으로 노력하는 자가 적었다는 점은 통치상 커다란 결점이었다.(飛魚漁朗, 1919. 4.)

• 총독정치를 개선함과 더불어 재조선 방인이 조선인에 대한 태도도 그에 일치함을 요한다. 조선인을 '여보'라고 매도하고 그들의 인격을 무시하고 돌아보지 않음은 헛되게 조선인의 반감을 높일 뿐이다. 금후 조선 재주의 관민은 힘을 합해 일치하여 조선인의 교화에 힘씀과 더불어 그들의 인격을 존중하고 그들의 진로에 대해 합리적으로 개방하지 않는 이상은, 이번과 같은 사건은 절후(絶後)를 기약할 수 없다.(城南逸士, 1919. 4.)

• 시험 삼아 기왕의 총독정치의 결함으로서 우리의 눈에 비친 주요한 두세 가지를 구체적으로 제시하면, 교육방침의 착오는 첫 번째이다. 조선인 관리 차별대우는 그 두 번째이다. 징세 수속의 번잡함은 그 세 번째이다. 언론의 단속이 준엄함은 그 네 번째이다. 종교계의 정폐(情弊)를 물문에 부친 것은 그 다섯 번째이다.(「朝鮮の騷擾と総督政治の改善」, 1919. 5.)

이들 인용문 기사들 또한 3·1독립운동이 일어나고 얼마 지나지 않은 시점에서 게재된 의견들인데, 모두 지금까지 조선총독부의 무단통치와 조선인 차별에 대한 각성을 촉구하는 내용들이다. 첫 번째의 기사에서는 1910년 한일강제병합 이래 헌병을 통한 '무단정치'의 폐해와 이에 대한 조선인의 반감을 지적하고 있으며, 이와 더불어 두 번째 인용 기사는 조선인에 대한 차별적 대우, 인격의 무시, 조선인 진로에 대해 개방적이지 않은 사회구조 등을 적나라하게 비판하면서 이러한 현실이 개선되지 않는 한 이번과 같은 독립운동은 재차 반복될 수밖에 없다고 경고하고 있다. 이러한 의미에서 첫 번째 인용문에서는 "종래의 방침에 개정을 가할 필요"를 역설하고 있는데, 세 번째 기사에서는 구체적으로 교육, 조선인 관리 차별, 징세, 언론 탄압, 종교 문제 등에 걸쳐 지금까지 조선총독부 정책이 무엇이 잘못되었으며, 무엇을 어떤 방향으로 시정해야 하는지 그 구체적 내용까지 제안하고 있다.

3·1독립운동에 대해서 지식인이나 언론인, 아니면 정치가들의 이러한 진단은 실제 재조일본인 일본어 미디어에서는 광범위하게 전개되었다. 특히 각 분야에서 재조일본인 사회를 리드하고 있는 재조일본인들, 나아가 조선인들의 의견까지 반복적으로 싣고 있다. 이러한 의견들은 『조선급만주』 5월호에서는 '관민 더불어 반성을 요구한다'(조선은행 총재), '서로의 이해가 제일'(식산은행 총재), '그들의 마음을 붙잡는 것이 첫 번째 요의(要義)'(조선은행 이사), '우리들의 불평'(한일은행 사무이사 김한규)과 같은 기사, 『조선급만주』 6월호에서는 '극단의 관치주의를 배격한다'(代議士), '언론의 개방과 내선양민의 융화의 기관이 필요'(조선우선회사 전무), '내지인은 크게 반성을 요한다'(공익사 중역), '우선 당국자의 반성을 촉구하고 싶다'(경성전기회사 전무이사), '내선인의 융화와

공존공익을 신조로 하는 데 있다'(조선은행 이사), '조선인의 불평'(모 조선인 관리), '조선인의 반성이 첫째이다'(모 관헌)와 같은 기사가 여기에 해당한다.

이러한 기사들은 '조선인의 반성'과 무책임을 지적하고 3·1운동에 대해 비난하는 기사들과 혼재되어 있는 경우가 적지 않았다. 그러나 시간이 지날수록 "이번의 소요는 위력(威力)으로 대체적으로는 진정되겠지만 영구의 평화를 초래하기 위해서는 무슨 일이 있어도 인심의 열복(悅服)이라는 것이 이루어지지 않으면 안 된다. 이를 위해서는 관민화합, 일본인과 조선인 양민의 친화라는 것이 무엇보다 급무라고 생각한다."(某老將軍談, 1919. 6.)와 같은 기사가 자주 등장하였다. 이들 기사에서는 조선인의 의견도 제시하면서 무력에 의한 통치보다는 조선인의 인심을 얻어야 한다는 점, 관과 민이 화합해야 한다는 점, 일본인과 조선인 융화하여 화합해야 하며 공존공익을 도모해야 한다는 의견으로 요약되는데, 이를 위해 관민 불문하고 재조일본인의 태도에 대한 깊은 반성을 요구하는 경우가 적지 않았다.

1919년 당시 각 분야에서 상층을 형성하고 있었던 재조일본인들은 3·1운동을 경험하고 큰 취지에서 당시 식민지 지배를 근원적으로 부정하거나 식민지주의에 비판을 하는 경우는 없었으며, 내심 전국적으로 확산한 독립운동에 대해 왜곡과 비판을 거듭하였다. 그러나 재조일본인들이 식민지배 자체를 부정하는 의견 제시는 없었지만, 그렇다고 해서 식민통치 방식이나 자신들의 행동에 반성을 촉구하는 목소리가 없었던 것은 아니었다. 이상에서 살펴보았듯이 지금까지 조선총독부 식민지 정책의 문제, 제도의 오류, 조선인에 대한 차별의 문제, 재조일본인 자신들의 행동을 비교적 철저하게 분석하며 3·1독립운동이 왜 일어났는지에 대해 원인진단을 하고자 하였다. 그리고 3·1운동이 일어날 수밖에 없었던 정치적, 사회적 환경에 반성을 표하며, 부분적으로 조선인의 이러한 행동에 관한 이해를 표하는 경우도 나타났다.

물론 이러한 방향은 조선총독부의 식민지 정책이 기존의 '무단통치'에서 '문화통치'로 전환하는 요인을 제공하고 있었음은 두말할 여지가 없을 것이다. 물론 '문화통치'라고 하는 것이 통치 방식의 표면만 변했을 따름이며 그 내실은 변한 것이 없다는 의견도 많이 존재하는 것이 사실이다. 그렇지만, 전국적인 규모의 민족독립운동이었던 3·1운동은 재조일본인들에게도 강한 영향을 미쳤으며 그들이 조선인이나 통치방식에 대한 인식을 새롭게 하고 조선총독부의 정책을 대전환시키게 만든 일대 사건이라 하지 않을 수 없다.

(2) 식민지 일본어 문학작품에 투영된 3·1독립운동

식민지 일본어 문학과 3·1운동

앞에서 지적하였지만 재조일본인들은 1900년대 초에 한반도에서 일본인 거주지를 형성하면서 다양한 형태의 일본어잡지를 만드는 데, 그곳에는 '문예란'을 만들어 단카(短歌)나 하이쿠(俳句)와 같은 일본전통시가, 소설, 시, 에세이, 문학평론 등의 문학작품을 게재하였다. 이들 문학 작품은 주로 일본어 신문이나 잡지 등에 게재하는 경우가 많았고, 초기에는 도쿄 등 일본 현지 작가의 작품이 많았지만 시간이 지남에 따라서 한반도에 거주하는 일본인들의 작품 비중이 높아졌으며, 일본 전통시가를 중심으로 문학잡지나 작품집이 만들어지기도 하였다.

1910년대가 되면 한반도에 거주하는 일본인들의 삶과 현실적 사건을 문학작품 내에 도입하는 경우가 많았는데, 3·1운동이 일어나고 얼마 지나지 않아서 이들 일본어 잡지는 이 사건을 소설의 소재로 하는 작품을 게재하였다. 일본어 잡지 『조선급만주』와 『조선공론』에 한정하여 말하자면 「소설 꽃이 필지 말지(小説 咲くか咲かぬか)」, 「소요여문 기생의 사랑이야기(騒擾餘聞 妓生の恋物語)」, 「가는 봄날 저녁(逝く春の夕)」 등 세 작품이 보인다. 이 범주를 1919년 민족주의 운동의 고양과 더불어 강우규 의사가 3·1운동을 수습하기 위해 새롭게 부임하는 사이토 마코토(斎藤実)총독 일행에게 서울역 앞에서 폭탄을 투척한 사건과 결부지어 보면 총 6개의 작품이 존재한다.

먼저 이들 작품 중에서 3·1독립운동이 일어나고 상당한 시간이 지난 시점인 1922년 5월호 『조선급만주』에는 「가는 봄날 저녁」이라는 소설이 실리는데 이곳에는 다음과 같은 장면이 나온다.

> 아버지는 이 지역에서 큰 규모로 사업을 운영하여 유력자로서 알려져 있기 때문에 그 체면도 있고, 이전에 조선의 소요사건에 미국인 선교사가 관계한 사실도 있어서 한 결 같이 외국인이라고 하면 색안경으로 보는듯한 편견이 세상일반에 있어서 자신의 사랑하는 아이를 그러한 패거리에 깊게 관계시키고 싶지 않다는 식으로 생각하고 있었던 것 같다.(仁田原みどり, 1922. 5.)

이 소설은 주인공 야마모토 사치오(山本幸夫)가 2년 전 폐질환으로 인해 일본에서 학업을 중단하고 식민지 조선에서 사업을 하던 아버지 곁으로 돌아와 외로운 시간을 보내던 중, 조선의 남부 지방에서 선교활동을 벌이던 호주 출신의 목회자 부부와 친숙한 관계를 유지하면서 가지게 된 주인공의 신앙생활을 그린 작품이다. 사치오는 진실하면서도 경건한 이 서양인 목회자로부터 종교적인 감화를 받고 그의 일생을 신앙에 바치며 '야심'이나 '공명'을 쫓기보다는 사람을 사랑하며 살아가고 싶다고 희망하였다. 한편 그의 아버지는 아들에 대해 비교적 자유스런 태도를 보이며 아들의 선택을 존중하는 스타일이기는 하였지만, 가능하면 다시 학생의 길로 돌아가 세상에 유용한 인간이 되어 주기를 바라고 있었다. 그런데 "아들의 자유를 인정하고 있"음에도 불구하고, 사치오가 서양인 선교사와 친숙한 관계를 맺고 교류를 하는데 대해서 불만스런 안색을 드러내고 있는 이유가 바로 위의 인용에 나타나 있다. 바론 아버지 본인의 체면과 3·1운동의 영향 때문이었다. 즉, 하나는 사치오의 부친이 큰 사업가로서 그 지역에서 유력가로 알려져 있는 체면 때문이기도 하고, 또 다른 하나는 일본인들이 3·1독립운동에 커다란 요인을 제공했다고 하는 서양인 선교사에 대해 가지고 있었던 편견 때문이었다.

물론 이 소설은 3·1독립운동을 전면적으로 다룬 작품은 아니다. 그렇지만, 이 작품에는 일본 언론이나 일본인들이 3·1독립운동 당시 조선인들을 선동하거나 일본의 관헌의 무자비한 탄압을 널리 세상에 알렸다고 불만스럽게 여기고 있었던 외국인 선교사를 둘러싼 이미지가 잘 드러나 있다. 즉, 이 작품에 등장하는 호주인 부부 선교사는 최근까지도 위와 같은 편견으로 '갖가지의 박해'를 받았지만, 늘 경건하고 진실한 삶의 모습을 보여주며 이국의 어린 아이를 위해 '야학교'를 열면서 이 땅에서 생을 마치고 싶다는 소망을 가지고 헌신적인 봉사 활동을 하는 인물들이다. 사치오가 고민에 못 이겨 위의 인용문처럼 그의 부친이 서양 선교사에 대해 편견을 가지고 있으며 그들과 친밀하게 교류하지 말기를 희망한다는 고민을 호주인 선교사에게 이야기하였다. 그러자 "목사가 되는 것만이 신에 진력하는 길이 아니"라고 말하면서 오히려 "일본인임을 잊지 말"고 "일본을 위해 진력"할 것을 충고하였다. 이러한 목사의 충고에 그는 "커다란 바윗돌에 깔려 두뇌가 가루로 잘게 부스러진 것" 같은 느낌을 받는다. 이러한 의미에서 서양 선교사와 사치오의 교제와 감화, 그리고 그가 사치오에게 주는 충고를 통해 이 작품은 적어도 3·1독립운동과 연관하여 재조일본인들이 서양 선교사에 품고 있는 편견과 인식의 편협함을 잘 드러내고 있다.

물론 이 작품은 당시 일본의 식민지 지배나 3·1독립운동에 관한 정치적 인식을 말하는 소설과는 상당히 거리가 있는 소설이다. 오히려 이 소설은 "옛날은 이국의 하나로 꼽혔던 조선 땅에도 그곳이 제국의 일영역이 됨과 더불어 일본 국민의 맑은 마음의 표상인 벚꽃도 점차 이식되어 십삼 도(道) 각각의 봄을 채색하는 꽃의 명소가 지금은 적지 않다"고 말할 정도로 일본 제국의 확산과 이식을 구가하고 있는 소설이다. 그럼에도 불구하고 3·1독립운동과 관련하여 일본인들이 서양인 선교사에 대해 가지고 있었던 편견과 오류가 얼마나 편협했는지가 자연히 드러나는 구조를 취하고 있다고 할 수 있다. 어쨌든 재조일본인 사회는 3·1독립운동의 영향과 이로 인한 당시 식민지 통치의 다양한 문제가 노정되어 1919년 이후 일본어 문학에도 이러한 영향의 그림자라 할 수 있는 작품이 다수 창작되었다.

일본과 경성을 무대로 한 3·1운동

3·1독립운동이 일어나고 채 1년도 지나지 않아 쓰인 한반도의 일본에 잡지에 게재된 「소설 꽃이 필지 말지(小説 咲くか咲かぬか)」와 「소요여문 기생의 사랑이야기(騷擾餘聞 妓生の恋物語)」는 전자가 일본 현지 작가에 의해 후자가 재조선 일본인에 의해 만들어진 작품이다. 이들 작품은 전자가 역시 일본 현지를 배경으로 하고 있고, 후자는 '경성'을 배경으로 하여 창작되었지만, 아래에서 보는 바와 같이 두 작품은 「가는 봄날 저녁」과는 달리 명백하게 3·1독립운동을 주요한 모티브로 삼고 있다.

• 그러고 나서 이윽고 조선의 폭동이 일어났다. 김은 신문을 볼 때마다 마음이 들끓어 올랐다.
"돌아가는 게 좋았다. 돌아가는 게 정상이었다."
그러는 동안에 이 사건은 수그러지고 태평의 바람이 불었다.(松美佐雄, 1919. 12)

• 경성의 천지는 왠지 동요의 빛이 나타났다. 국장의 날이라는 1919년 3월 3일, 덕수궁 한 모퉁이에 때 아닌 만세 소리가 일어나서 경성은 물론 조선 전도(全道)의 공기는 엄청난 동요를 느꼈다. 피비린내 나는 바람이 불고, 계림 팔도는 죄다 소요의 거리로 변하였다.
화염이 일어나고 병사가 출동하고 검거가 시작되고 고드름처럼 만상이 차갑게 긴장하였다.
조선인의 눈과 모국인의 그것, 눈과 눈에는 불꽃이 튀었다.(新井静波,

1919. 8.)

첫 번째 인용 작품은 우에다(上田)의 '잠사학사"(蠶絲學舍)'에서 공부하는 "조선귀족의 아들"인 김(金)이 도쿄의 2·8 독립선언과 조선의 3·1 독립운동에 참가해야 한다는 당위성과 갈등을 작품의 모티브로 하고 있다. 위의 인용문은 그가 머무는 하숙집 딸인 치카코(智果子)에 대해 느끼는 연정과 그녀의 만류로 인해 직접 독립선언과 만세운동에 참가하지 못한 주인공이 3·1독립운동이 일어나고 이 독립운동을 위해 도쿄와 조선으로 떠나지 못한 자신의 행동을 자책하는 부분이다. 한편 두 번째 인용 작품은 "이조 최후의 제자(帝者) 이태왕 전하가 돌연 서거하시"고 '국장일'에 일어난 3·1독립운동을 압축적으로 그린 작품이다. 이 작품은 당시 경성 거리를 비롯하여 조선 팔도로 확산된 양상과 만세운동으로 긴장된 경성 거리의 일상이 주인공인 총독부 기사(技師) 에가미(江上)의 시선을 통해 비교적 생생하게 그려져 있다.

그런데 이 두 작품에서 볼 수 있는 공통적인 특징은 작품 내 조선인 등장인물이 모두 3·1독립운동에 참여하여 주요한 역할을 수행하거나 또는 참가하고자 하는 인물로 이루어져 있다는 점이다.

• 모사건으로 상담할 필요가 생겼으므로 지금 상경(上京)하라는 밀사(密使)가 우에다(上田) 마을에 있는 어느 교회의 손을 거쳐서 왔다. 그것이 오늘 오전이었다. 유학생의 수령으로 추대되고 있었다. 김은 반드시 가지 않으면 안 되었다.(松美佐雄, 1919. 12.)

• 3월 말에는 검거된 범인의 수는 몇천이라는 다수에 달했지만 에가

미가 가장 놀란 것은 검거된 수괴자 중 한 사람으로서 이규만(李圭萬)이라는 이름을 발견했을 때이다.(新井靜波, 1919. 8.)

이 인용문에 잘 드러나 있듯이, 첫 번째 인용 작품의 주인공 김은 일본어도 훌륭하고 "남자다운 풍채도 좋아"서 "도쿄에서 내려온 회사원"처럼 보이는 조선 청년인데, 조선에서 조혼을 하고 유학을 와 있는 인물이다. 그는 2·8 독립선언과 3·1독립운동을 준비하는 데 있어서 '유학생의 수령'으로 추대받았던 인물이며 이러한 점에서 그는 친구들의 제안을 버려야 하는지 아닌지 고민을 거듭하고 있다. 한편 두 번째 인용 작품에서는 3월 말 검거된 3·1독립운동의 주모자 중 한 사람이 에가미가 연정을 품고 있었던 여인 옥매(玉梅)의 부친이자, 그와도 한때 "친교를 맺고 가깝게 왕래"하던 이규만이라는 사실을 주인공 에가미가 확인하고 놀라는 장면이다. 이렇듯, 이 두 작품은 3·1운동 이후 얼마 지나지 않은 시점에서 3·1운동에 참여하려는, 또는 적극적으로 참여하는 조선인 등장인물을 전면적으로 배치하여 그린 최초의 일본어 문학작품이다.

조선인과 일본인 남녀의 연애라는 장치

그런데 3·1독립운동을 그리고 있는 이 두 작품은 공통적으로 조선인과 일본인 사이의 연애를 기본구조로 하고 있다는 점이 흥미로운 특징이다. 즉, 「소설 꽃이 필지 말지」라는 작품은 조선인 유학생 김과 치카코라는 일본인 여성의 남녀 관계를, 「소요여문 기생의 사랑이야기」는 총독부 기사인 에가미라는 일본 청년과 옥매라는 조선인 기생 사

이의 남녀관계를 그리고 있다. 「소요여문 기생의 사랑이야기」에서 에가미와 옥매의 관계를 '친구사람(チングサラミ)'이라거나 "훌륭한 일선(日鮮)동화의 선구"라고 친구가 놀릴 만큼 "진심이 통하고 있는 데"에 대해 에가미는 기쁨을 느끼고 있었다. 마찬가지로 「소설 꽃이 필지 말지」에서 김도 "치카코를 버리고 일본을 떠날 수 없을 정도로 생각하고 있었다. 그런 기분이 점점 가슴에 퍼져 왔다."는 대목을 통해서 알 수 있듯이 친구에 대한 약속과 민족을 위한 조선행보다도 일본인 여성에 대한 관계가 중요한 변수였다.

- 김이 돌아가고 아니고는 모두 자신의 책임으로 귀착할 것처럼 생각되었다.
조선에 돌아가 소동에 참여하는 사람이 한 사람이라도 적으면 그만큼 국가를 위하는 일이 아닐까라고 생각되었다.(松美佐雄, 1919. 12.)
- "걱정해서는 안 돼, 곧 평온해질 거야."
다정하게 위로하자 뜨거운 눈물을 뚝뚝 흘리며,
"왜 나라와 나라는 당신과 저처럼 될 수 없는 거죠?"
"될 거야, 그것은 장래에 반드시 사이가 좋아질 거야."
"그렇지만 일단 멀어지면 재차 이전처럼 될 수 없는 걸요. 저와 정규처럼…."(新井静波, 1919. 8.)

원래 치카코는 김이 그녀에게 가지고 있었던 호감을 잘 알고 그를 친절하게 응대하고 있었지만, 그것은 사랑과는 별개의 문제라고 인식하고 있었다. 그러나 그녀는 첫 번째 인용 작품에서 보는 바와 같이 조선의 독립운동이 임박한 시점에서 김에게 도쿄와 조선에 돌아가지 말라고 하면서 김에 대한 친절함과 사랑의 문제를 일치시키려 하고 있다. 실제 3·1운동이 종료된 시점에 치카코는 누가 보아도 좋은 연분이라 할 수 있는 공과대학을 졸업할 예정의 남자와 혼담이 있었다. 그러나 그녀는 김에 대한 약속을 지켜야 한다는 입장에서 그 혼담을 보류하고, "조선으로 시집을 가는 신부도 있"을 거라고 말하며 김이 졸업할 때까지 그녀는 그를 기다리려고 한다.

두 번째 인용 작품은 3·1독립운동을 목도하고 일본인과 조선인이 융화되지 않은 현실을 한탄하면서, 에가미와 옥매는 일본과 조선이 완전히 융화될 수 없음을 슬퍼하는 장면이다. 그러한 과정에서 옥매는 아버지가 3·1독립운동의 주모자 중 한 명으로 검거되면서 자살인지, 타살인지 알 수 없지만 에가미가 준 바이올린을 품에 안고 이 세상과 하직하게 된다.

이러한 측면에서 본다면 3·1독립운동을 모티브로 한 이 두 작품이 조선인과 일본인의 연애를 중심축으로 하여 전개되고 있는 이유는 결코 우연이 아니라고 할 수 있다. 즉, 조선인과 일본인 남녀처럼 두 민족 사이에 민족적 친목과 융화를 이루어야 한다는 점, 나아가 이를 위해 서로의 약속을 지키면서 '일선동화'의 방향으로 나가야 한다는 점을 강조하고 있다는 점이다. 이렇듯, 이들 작품들은 조선인과 일본인의 연애와 교감이라는 장치를 통해 두 민족 사이의 융화와 동화를 적극적으로 설파하고자 하였다. 따라서 3·1독립운동을 문학적으로 처리하는 데 있어서 두 민족 사이의 연애라는 장치는 3·1운동 이후 고양되고 있었던 조선민족의 민족의식을 극복하고 두 민족의 융화와 동화를 촉진하는 하나의 이데올로기로서 기능하고 있었다고 할 수 있다.

(3) 조선인의 저항과 식민지 일본어 문학작품

강우규 의사와 폭탄 투척사건

1919년 9월 2일 전국적인 규모로 일어났던 3·1독립운동 이후 새로운 식민지 정책을 실시하기 위해 임명된 조선총독부 제3대 사이코 마코토(斎藤実) 총독과 정무총감 미즈노 렌타로(水野練太郎) 일행이 기항지 부산에서 1박을 하고 특별 열차편으로 지금의 서울역인 남대문역에 도착하였다. 남대문역에서 신임총독 환영행사를 마치고 마차에 올라타 막 출발하려던 순간 총독 일행을 향해 민족저항의 의미로 65세의 강우규 의사가 폭탄을 투척하는데, 이 폭탄 투척사건으로 인해 수행원, 경찰, 환영인파 등 30여 명의 사람들이 중경상을 입었다. 이 사건은 '사이토총독 폭탄 투척사건'으로 널리 알려졌는데 도쿄의 '2·8 독립선언', 뒤이어 한반도 전국 각지에서 전개되었던 '3·1독립운동'의 연장선상에 있었던 사건으로서 3·1운동 이후 고양되었던 조선인의 독립 의지를 세계에 널리 알린 사건이었다.

강우규(1855-1920)는 평안남도 덕천 출신으로 한일합방 다음 해인 1911년에 북간도지역인 두도구(頭道溝)로 망명하였다. 그는 만주 지역에서 농지를 개간해 신흥촌(新興村)을 만들고, 1917년에는 동광학교(東光學校)를 만들어 인재양성과 더불어 젊은이들에게 독립정신을 고취하고자 힘썼다. 3·1운동 이후에 그는 이동휘가 활약하고 있었던 블라디보스토크로 건너가 이승교, 박은식 등이 결성한 대한국민노인동맹단에 가입하여 요하현 지부장을 맡았다. 그는 3·1운동이 소강상태에 접어들자 독립에 대한 위기감을 느끼고 러시아인으로부터 수류탄을 구입하여 원산을 통해 8월 경성으로 들어와 새로 부임하는 사이토 총독을 향해 이 폭탄을 투척하고자 하였던 것이다. 그는 현장에서는 체포되지 않았으나 9월 17일 체포되어 사형선고를 받고 1920년 11월 서대문형무소에서 형장의 이슬로 사라졌다.

1920년대 다양한 형태로 분출되었던 무력투쟁 운동의 계기가 된 이 사건은 당시 한반도의 일본인 사회에도 커다란 파문을 던졌으며 일본어 잡지매체에서는 이 사건을 크게 다루었다. 이들 기사들에 공통적으로 보이는 특징은 이 사건을 3·1독립운동의 연장선상에서 파악하고 있다는 점이다.

> 애초 9월 2일 사이토 총독을 겨냥한 폭탄사건이 일어나 … 일반 조선인은 이를 유감이라 생각하며 깊이 근신을 표해야 할 텐데, 오히려 이 폭탄사건에 의해 일반의 조선인들이 품고 있는 반일본사상에 기세를 더한 감이 있다 … 그들 일반 조선인들은 올봄의 소요(騷擾) 이래 어떤 자는 종종 가게 문을 닫고 독립파에게 성원을 보내고 어떤 자는 제국의 국경일에 전 도시에 국기를 게양하지 않고 제국에 반항의 적의를 표하고 … (釋尾旭邦, 1919. 10.)

이 인용문에서 확인할 수 있듯이 강우규 의사가 남대문역에서 사이토 총독을 향해 폭탄을 투척한 이 사건에 대해 재조일본인 일본어 잡지들은 모두 3·1독립운동 이후 고양된 반일사상의 영향과 국제정세의 변화에 대한 오판이 부른 결과라고 진단하고 있다. 당시 재조일본인 미디어에서는 일반적으로 제1차 세계대전의 강화조약, 윌슨의 민족자결주의, 국제연맹 결성의 움직임 속에서 3·1독립운동의 원인을 찾으려고 하였는데, 그 이후 '독립파'의 기세가 한층 높아졌으며 이러한 분위기 속에 사이토 총독을 저격하려는 사건이 위치하고 있다고 판단하였다.

또한 재조일본인이 간행하고 있었던 일본어 잡지들은 이 사건에 대해 급변하는 국제정세를 잘못 판단하였다고 조선인들의 '무자각'을 비판하고 '불령선인(不逞鮮人)', '폭도' 등으로 강한 비판의 목소리를 높이고 있었다. 그리고 조선총독부에 대해서도 "단호하게 고압수단을 취해"야 하며, "조선 치안 회복을 위해서는 일시 총독정치의 역전이라고 비난받더라도 또한 어쩔 수 없는 일"(釋尾旭邦, 1919. 10.)이라며 강한 태도를 요구하고 있는 경우도 볼 수 있다. 그런데 여기서 말하는 "총독정치의 역전"이란 3·1독립운동 이후 조선총독부의 식민지 통치 방식의 전환을 의미하며 좁게는 새로 부임한 사이토 총독의 이른바 '문화통치'론과 총독부의 관제개혁을 가리키는 말이다.

그러나 폭탄 투척사건에 즈음하여 독립을 획책하는 조선인들에 대해 강경한 대응을 요구한 반면, 다른 한편으로는 이 사건으로 인해 3·1운동 이후 변화하고 있었던 통치정책에 수정이 있어서는 안 된다는 점도 분명히 하고 있다.

• 이들 불령한(不逞漢)의 심술과 행동으로 곧바로 일반의 조선인들을 다루는 것이 부당함은 새삼 많은 말을 기다리지 않으며 불령 무리에

대해서는 어디까지나 엄징(嚴懲)·탄압을 가하지 않을 수 없다. 하지만 이것이 있었기 때문에 다시 조선인을 의구시하고 위험시하여 모처럼 면목을 일신하여 양해한 문화정책을 시행하려는 통치방침에 역전을 초래하고 재차 왕시의 가찰(苛察)적 구투정치로 돌아가는 것을 단호히 삼가지 않으면 안 된다.(『朝鮮公論』, 1919. 10.)

• 즉 모든 내지인과 마찬가지로 조선인의 권리를 인정하도록 하고 가능한 한 빨리 그들에 자치권을 부여하도록 하지 않으면 안 된다. …사이토 신총독은 오늘날과 같은 변사(變事)를 마음에 두지 말고 어디까지나 이것의 실현에 최선의 노력을 도모하고 신관제의 정신이 일반 조선인에게 철저하도록 하지 않으면 안 된다.(山脇玄, 1919. 10.)

이들 인용문을 보면 당시 사이토총독 저격사건 이후에 조선통치를 둘러싸고 적어도 두 가지 방향의 반향이 있었음을 알 수 있다. 하나는 3·1독립운동 이후 커다란 대세였던 '문화통치'의 방향에 대해 "총독정치의 역전"이라는 비난을 받더라도 식민지 조선에 대한 강한 통치를 바라는 내용이고 다른 하나는 위의 인용문에 나와 있는 바대로 '통치개혁'을 그대로 철저하게 시행해야 한다는 주장이다. 첫 번째 인용문은 이 사건의 당사자를 '불령한'이라고 규정하고 이들에 대한 탄압을 주장하고 있기는 하지만, 이들과 대부분의 일반 조선인을 구분하여 조선인들을 의심하거나 위험시해서는 안 되며 이들을 위한 즉각적인 '문화정책' 시행을 주장하고 있다. 세 번째 인용문도 사이토 총독이 언명하였던 신관제 정책을 비롯하여 조선인과 일본인을 동등하게 대우하는 정책의 철저한 시행을 촉구하고 있다.

한편 여기서 말하고 있는 총독부 새로운 정책은 조선인 차별을 없애고 조선의 관습을 존중하며 조선인 관리 임명을 포함하여 언론도 개방하겠다는 문화정책을 가리키고 있다. 위의 인용문에서는 폭탄 투척사건으로 인해 조선총독부에서 이러한 새로운 정책의 실현이 지연되거나 과거와 같은 무단정치로 되돌아가서는 안 된다는 것을 언명하고 있는 셈이다.

이상 살펴보았듯이, 강우규 의사에 의한 사이토 총독 저격사건에 대해 당시 재조일본인 미디어에서는 다양한 의견을 개진하고 있었지만, 크게는 3·1독립운동 이래 조선인들의 독립의식과 반일사상 고양에 경계를 표함과 동시에 3·1독립운동 이래 논의가 번성하였던 기존의 조선총독부의 통치방식을 개선하여 새로운 '문화통치'가 한층 철저하고 광범위하게 시행되어야 함을 촉구하는 경우가 많았다. 이러한 견해는 '사이토 총독 폭탄 투척사건'을 바라보는 일본어 미디어의 시선이 3·1독립운동을 바라보는 연장선상에 위치하고 있었기 때문이다. 나아가 조선인과 일본인의 차별을 완화하고 이들의 언로 확대와 참여를 통해서 조선인의 민족의식 고양을 타개할 수 있을 것으로 파악하고 있었음을 알 수 있다.

사이토 총독 폭탄 투척사건과 일본어 문학

특히 3·1운동과 마찬가지로 이 사이토 총독 폭탄 투척사건을 다룬 문학작품도 한반도 내에서 간행되던 일본어 잡지에 연이어 게재되었다. 이들 작품은 사이토 마코토가 부산에 도착하는 장면을 취재하고 그의 인터뷰를 위해 부산으로 갔다가 동일한 특별열차를 타고 남대문

역에 도착하여 폭탄 투척사건을 경험하거나 사건의 피해를 입은 기자들이 쓴 글들이다. 「폭탄사건(爆弾事件)」(1919년 10월), 「동료 T의 죽음(僚友Tの死)」(1920년 3월), 「병원에 반듯이 누워(病院に仰臥して)」(1920년 2월-5월) 등이 이에 해당한다. 이들 중 「동료 T의 죽음」과 「병원에 반듯이 누워」는 오사카마이니치(大阪毎日)신문사 경성특파원인 야마구치 이사오(山口謙男)이며, 「폭탄사건」은 조선공론 기자이자 『조선공론』의 문예란 중 '소품문(小品文)'의 선고를 담당하고 있었던 이시모리 히사야(石森久弥)였다.

한편 이들 세 작품들은 모두 소재가 폭탄 투척사건이다 보니 아래에서 보는 바와 같이 폭탄이 투척되어 사람들이 당황하고 피해를 받는 어수선한 현장 상황이 작품에 들어가 있다.

> 굉연(轟然)한 폭음과 더불어 내 왼쪽 세 간(間) 정도 앞쪽에 백연(白煙) 자욱하고 폭탄이 파열하였다. 나는 폭음과 동시에 상처를 입었다. 마치 술에 취한 듯, 실로 꿈과 같은 순간적인 흥분 속에 오른손이 흔들흔들 거리고 있었다. 더구나 심각한 중상임을 확실히 의식하고 있었다. 곧바로 덮쳐오는 공포와 불온한 공기, 규환(叫喚)과 혼잡함으로 혼란스러운 무시무시한 광경, 나는 지금 이를 생각해내는 것조차 소름이 끼친다.(山口皐天, 1920. 2.)

이 인용 작품은 「병원에 반듯이 누워」라는 작품 속에서 폭탄이 투척되는 현장의 분위기를 전하는 곳인데 다른 두 작품들도 그 소재가 되는 폭탄 투척 장면은 이와 유사한 형태로 기술되어 있다. 그런데 이들 세 작품은 폭탄 투척이 작품 전개의 커다란 계기인 것은 분명하지만 작품 전개는 주로 기자들 사이의 유대관계, 고향의 가족들, 투병 생활 등이 그 중심에 놓여 있다. 먼저 「동료 T의 죽음」의 경우, 오사카 마이니치신문 기자였던 작가 야마구치 이사오가 '경쟁' 언론사였던 오사카 아사히(大阪朝日)신문사 경성 특파원인 다치바나가 이 사건으로 인해 중상을 입고 죽음에 이른 과정을 그린 작품이다. 자신도 오른팔의 장애를 가질 정도로 중상을 입었지만, 이 작품에서는 취재의 경쟁관계에 있으면서도 T와 나누었던 인간적 유대관계, 병원에서의 고독한 투병 생활과 동료 T에 대한 염려, T가 죽은 이후 그와 재혼하여 1년도 채 되지 않은 미망인의 모습에 대한 단상 등을 주요한 스토리로 하고 있다.

다음으로 「병원에 반듯이 누워」의 경우도 위의 작품과 같은 작가의 작품이지만, 동료의 죽음을 다룬 전작에 대해 이 작품에서는 야마구치 자신의 이야기를 다루고 있다. 특히 야마구치가 병원에서 고독한 입원 생활을 보내면서 죽음과 신체적 장애에 대한 불안, 고향과 가족들에 대한 회상, 자신이 다니는 회사 동료와 직무에 관한 단상을 중심으로 스토리를 묘사하고 있다. 한편 「폭탄사건」은 조선공론 편집부 기자인 이시모리 히사야가 사이토 총독의 조선 부임 취재과정과 폭탄사건을 작품의 모티브로 하고 있지만, 역시 작가 자신이 한반도에서 겪어온 생활의 궤적, 고향과 가족들 이야기, 같은 언론계 기자동료들의 부상 등에 초점을 두고 스토리를 전개하고 있다.

> • 이래 20수년 나는 인사(人事) 다망하여 아직 한 번도 제2의 고향 산탄다(三反田)를 방문할 기회를 얻지 못하였다. 간호부 e의 고향 이야기

로부터 나는 뜻밖에 꿈과 같은 소년시대의 기억을 환기하였다. 그리고 아름다운 산, 맑은 강을 그리워하였다.(山口皐天, 1920. 2)

• 그리고 나서 향리의 어머니에게 편지를 썼다. 덕분에 더구나 이상한 인연으로 살았습니다. … 저는 폭탄의 현장에서 약 한 간(間)밖에 떨어져 있지 않았습니다. 출발 때 어머니로부터 받은 고보대사(弘坊大師)의 부적은 조금 흐려 있었습니다. 내가 아무 부상이 없는 것은 이 부적과 그리고 죽은 아버지가 저 세상에서 나를 지켜 주시기 때문일 거라고 생각하고 있습니다.(石森胡蝶, 1919. 10.)

첫 번째 인용 작품은 주인공이 입원하고 있었던 병원의 간호부 e가 주인공과 동향이라는 것을 알고, 그녀가 전하는 고향 소식을 듣고 어릴 때 지냈던 고향의 산하와 고향에 남겨놓은 학창시절의 추억을 상기하며 그리워하는 장면이다. 이 작품에서는 어린 시절을 보냈던 자신의 고향을 회상하며 그리워할 뿐만 아니라 동생의 갑작스런 죽음과 이를 슬퍼하는 노부모의 애달픈 모습, 그리고 자신의 아내와 아이들이 동생의 상을 치르기 위해 매우 강한 독감이 유행하고 있는 부산으로 보내고 염려하는 모습이 하나의 가족사라고 해야 할 정도로 상세하게 그려져 있다.

한편 두 번째 인용 작품은 오랜 기간에 걸친 방탕생활을 마치고 조선에 들어와 6년이 지난 주인공 규키치는 고향에 외롭게 홀로 남아 있는 어머니를 그리며 한 번 쯤은 고향으로 돌아가 어머니를 기쁘게 해드리고 싶다는 '유일한 희망'을 가지고 있었다. 그러는 과정에서 같은 고향 출신의 S(사이토)총독의 부임을 맞이하면서 고향을 생각하게 된다. 그러는 과정에서 규키치는 폭탄 투척사건을 경험하고 그 자신이 현장에 있었음에도 폭탄 투척의 피해를 받지 않고 살아남은 것에 대해 어머니가 주었던 부적과 저승에 있는 아버지가 지켜준 덕분이라 생각하고 감사의 편지를 보내고 있는 장면이다.

이런 측면에서 본다면 '사이토 총독 저격사건'을 소재로 한 위의 세 작품은 식민지 조선의 민족적 거사와 저항을 소재로 하고 있기는 하지만, 작품의 스토리는 이러한 현실 사건과 이 사건에 대한 정치적 인식이 그 중심에 있지 않았다. 이들 사건을 소재로 사용한 이들 세 작품 속에는 몇 가지 공통점이 보인다. 그 중에서 세 작품을 통틀어 가장 두드러지는 점은 그들이 조선에 오기 전 살았던 고향을 회상하거나 작품의 주인공 또는 등장인물의 가족에 관한 이야기가 작품에 전면적으로 등장한다는 점이다. '사이토 총독 폭탄 투척사건'을 소재로 하고 있는 이들 작품에 고향과 가족의 이야기가 이렇듯이 공통으로 들어있는 이유는 사람들의 생사문제가 달린 폭탄사건을 계기로 자신이 살아왔던 삶의 원점을 되돌아보는 데에 있어서, 고향의 회상과 가족의 연대는 중요한 계기를 제공하고 있다는 사실이다. 그것이 바로 현재 식민지 조선의 수도 경성에 건너와 식민지주의의 모순을 내포한, 대사건의 피해를 받은 자신의 현 지점을 확인할 수 있는 유일한 근원이며, 자기 삶의 궤적을 확인하는 방법일 것이다.

사이토 총독 폭탄 투척사건 관련 작품과 문화통치

「동료 T의 죽음(僚友Tの死)」이 실려 있는 『조선급만주』 제153호에는 이 작품을 사이에 두고 작품의 전후에 이른바 '폭탄사건'과 관련한 기

사가 배치되어 있다. 작품의 앞에는 강우규 의사 공판을 방청한 내용을 적은 기사이며 후자는 「풍문태어(風聞駄語)」라는 잡문기사이다. 이들 기사들은 근신하지 않는 재판태도, 폭탄 투척사건을 일으킨 논리의 결여, 피고인의 인격 자체를 강하게 문제시하고 있다. 나아가 이 사건과 3·1독립운동 참여자를 동시에 불온시하는 분위기를 만들며 비판하고 있다.

이렇듯이 폭탄 투척사건의 당사자에 대한, 그리고 이에 동조하거나 그렇다고 상정되는 조선인들을 비방·혐오하는 기사와는 달리 이들 기사 사이에 있었던 「동료 T의 죽음」에서는 그러한 규탄의 직접적인 목소리는 보이지 않는다. 물론 「폭탄사건」에서 "짐승에 가까운 불령선인(不逞鮮人)"이라거나 「병원에 반듯이 누워」에서는 "여보(조선인의 멸칭) 주제에 건방진, 폭탄 따위를 던져 아버지를 다치게 하는 거 무례하다"라는 식으로 폭탄 투척 당사자에 대한 비판과 규탄이 없다고는 할 수 없다. 그렇지만 작품의 스토리가 폭탄 투척자나 항일운동 그 자체에 무게중심이 있는 게 아니기 때문에 이러한 기술은 더 이상 지속되지는 않는다.

앞에서 지적하였듯이, 이들 세 작품들은 3·1독립운동과 그 연장선상에 위치한 독립의식의 고양과 밀접한 관련이 있는 사건을 소재로 하고 있으며, 당시 일본어 잡지들도 이 사건을 적극적으로 기사화하여 다양한 정치적 해석을 시도하고 있었다. 그럼에도 불구하고 이들 소설은 이 사건이 내포하는 정치적 해석이나 그 배경보다는 고향과 가족들, 언론인 사이의 동료 의식 등 개인의 삶을 되돌아보는 내용이 작품의 중심을 이루고 있었다. 정치상황에 대한 언급을 하더라도 사건을 일으킨 조선 독립운동가에 대한 시선보다는 오히려 1919년이라는 시대적 특수성에 기반하여 조선총독부의 통치 쪽에 더 관심을 가지고 이를 작품 내에 담아내려고 하였다. 적어도 이들 작품들에는 폭탄 투척사건 자체에 대한 정치적 해석은 지양하고 있었지만, 3·1운동 이후 변화하고 있는 정치적 상황, 나아가 새로 부임하는 사이토 총독에 대한 기대에 관한 서술은 산견되고 있다.

- 내지의 신문과 잡지에서는 조선 정치에 관해 다양한 것을 연구하기 시작했다. … 그리고 결국은 당시의 총독인 H백작 및 당시의 정무총감인 Y씨의 사직에 의해 조선의 정치에 일대 기원(紀元)을 긋고자 하는 것 같았다.(石森胡蝶, 1919. 10.)
- 그 나라는 그 후 난마(亂麻)와 같은 상태에 빠졌다. 모국 정부의 중요문제가 되어 그 선후책은 모국 조야 정치가의 머리를 괴롭혔다. 정치기관의 중추인물은 경질되고 정치방침은 무단주의에서 문화정치로 일변할 듯이 전해졌다. … 나는 흥미를 가지고 열심히 약간의 권태도 없이 용감하게 일하였다. H총독의 심사를 들추어내거나 Y정무총감을 연관 지어 중요한 담화를 취해 그것이 모국 조야의 물의를 부른 것도 마침 그 무렵이었다.(山口皐天, 1920. 4.)

첫 번째 인용 작품에서는 고종의 죽음과 이후 3·1운동을 암시하는 듯한 조선의 거대한 소용돌이를 묘사한 이후에 나온 문장이다. 여기서는 단지 조선의 민족운동과 식민지 정치의 변화, 총독의 경질만을 묘사하는 것이 아니라, S(사이토) 신총독이 권위를 따지지 않는 모습과 인덕을 그리고, "무관총독에는 반대이지만 S남작 개인으로서는 그다지 반대하지 않을 정도로" 그의 '온후'함을 강조하고 있다. 나아가 신총독과 기자들이 모여 "내선인(內鮮人)의 차별대우, 지방관의 도태 문제, 조선의 교화사업, 조선의 언론 단속 문제" 등을 기자들과 자유롭게 인터뷰하는 모습이 그려져 있는데, 이곳에서는 전 총독을 비하하고 신 총독의 위치를 상찬하는 구조로 이루어져 있다. 이러한 의미에서 단지 신총독이 주인공과 같은 고향이라는 의미에서뿐만 아니라 그 동안 식민지 통치방식이었던 무단통치를 뛰어넘어 그가 새롭게 내걸고 있는 문화통치에 대한 강한 지지의 의사를 확인할 수 있다.

두 번째 인용 작품은 당시 경성 특파원들 사이의 취재 경쟁과 이러한 경쟁을 누르고 3·1운동 당시 언론기사의 성공, 그리하여 주인공 Y가 회사로부터 인정을 받는 모습이 이 인용 장면 전후에 배치되어 있다. 그런데, 여기에서도 당시 조선 통치의 책임자였던 조선총독부 총독과 정무총감의 단점을 들추어내어 이들에게 타격을 가하는 기사를 본사에 보냈다는 사실을 상기해 볼 때, 당시 조선총독부의 정책과 통치방식에 최소한의 문제의식을 가지고 있었음을 확인할 수 있다. 따라서 '사이토 총독 폭탄 투척사건'을 그리고 있는 이들 작품들은 3·1독립운동으로 그 한계가 확인된 무단통치에 관해 비판적이고, 사이토 총독이 새롭게 천명한 이른바 문화통치에 공감하는 모습을 보여주고 있다. 이러한 측면은 이 작품의 작가들이 여론과 시세에 민감한 월간잡지와 일간지의 기자라는 의미에서 당시 재조일본인 여론의 방향성을 보여주는 예증이라고도 할 수 있다.

이상 살펴보았듯이 재조일본인 기자들이 창작한 폭탄 투척사건 관런 작품들은 1919년의 3·1독립운동을 커다란 배경으로 하면서 대체적으로 새롭게 천명한 문화통치를 지지하는 입장이었음을 확인할 수 있다. 이러한 배경이 실제 폭탄 투척이라는 현실적 사건을 소재로 하면서도 이 사건을 일으킨 당사자에 대한 직접적인 규탄보다는 이 사건을 식민지 조선에서 경험한 자들의 인생의 궤적과 그들 존재의 원점에 초점을 맞추는 요인이 되었다고 볼 수 있다. 이들 작품에서 고향이나 부모, 그리고 가족들의 이야기, 나아가 언론인 사이의 동료의식과 연관된 묘사가 바로 이러한 배경을 지탱하고 있으며 자신들이 위치하고 있는 지금의 존재 의미를 되물어보는 소재였다고 할 수 있다.

6장

조선인 학살 사건과 일본문학

"우물에 독약을 푸는 사람이 있다고 하니까 조심해 주세요."

이런 경고가 그곳에 모여 있던 사람들의 불안을 증폭시켰다. …

"적이 온다, 적이 와…"

이천 명이나 되는 적이 습격해 올 것이라고 하는, 옛날이야기라고 해야 믿을 법한 풍문은 그다음 날에도 계속되었다. … 이 비참한 지진에 편승해 한층 사람들의 마음을 혼란스럽게 만드는 동포들이 있을 것이라고는 믿고 싶지 않았다. 우리들은 우리들 안에서 출몰할지 모를 유령을 두려워했다. 그런 유언비어에 자극 받아 적도 아닌 상대방이 진짜 적이 되어 나타날 것을 겁냈다.(島崎藤村, 1923)

위에서 인용한 작품은 일본 낭만주의 근대시를 개척하고 『파계(破戒)』(1906)라는 작품을 통해 일본 자연주의 문학을 개척한 시마자키 도손(島崎藤村, 1872-1943)이 쓴 「아이에게 보내는 편지(子に送る手紙)」라는 작품이다. 이 소설은 간토대지진 당시 도쿄에 살았던 작가가 나가노현(長野県) 산지에서 혼자 생활하는 장남에게 도쿄의 지진과 화재 상황과 더불어, 가족들이 무사하게 지내고 있다는 안부를 전하는 편지 형식의 작품이다. 그런데 위에서 인용한 문장은 조선인이 우물에 독을 푼다거나 떼를 지어 습격한다는 유언비어의 위험성을 지적하면서 간토대지진 당시 조선인 학살 사건을 전경화하고 있는 장면이다. 이 조선인 학살 사건을 정확하게 적시하고 있지는 않지만 이런 유언비어를 퍼트리

거나 믿고 있는 사람들이 내포하고 있는 광기의 위험성을 그리고 있다. 롯폰기(六本木) 근처에서 불러 세워도 제대로 대답하지 않고 서둘러 달려간 청년을 "수상한 적이 배회"하고 있는 것으로 오인하여 찔러 죽은 자가 사실은 일본인 청년이었다는 무참한 이야기를 통해 간토대지진 이후 쏟아지는 유언비어와 사람들의 적대적 행위를 비판적으로 포착하고 있다.

1923년 9월 1일 토요일 정오 가까운 시간에 일어난 근대 이후 일본 최대의 자연재해 '간토(関東)대지진'은 일본의 수도인 도쿄는 물론 요코하마와 수도권 일대를 강타하였으며, 특히 강한 바람과 더불어 일어난 대화재로 10만 5천 명의 인명손실을 초래하였다. 근대적인 대도시를 중심으로 수도권에서 발생한 대재진이다 보니 당시의 극심한 혼동은 극에 달하였고 이 지역의 사람들은 하나같이 계속되는 큰 여진과 화재를 피해 피난길에 올랐다. 그러나 이 지진과 화재로 이어진 자연재해는 천재(天災)로 그치지 않고 엄청난 규모의 인재(人災)를 수반하였다. 바로 일본 근대사에서 '조선인 학살 사건'으로 기억되는 대참사가 곧바로 이어졌으며, 일본 사회주의자, 무정부주의자도 탄압을 받아 불법적으로 연행되어 희생되었으며 일부 중국인 또한 이 희생을 피하지는 못하였다.

그렇다고 한다면 3·1독립운동과 조선인들의 저항, 4년 반 뒤에 일어난 간토대지진, 그리고 조선인 학살 사건은 대체 어떤 연관관계가 있는 것일까? 본장에서는 이러한 물음에 대한 답을 찾아 나가면서 3·1독립운동 이후 조선인들에게 어떤 이미지가 새롭게 만들어졌는지, 이러한 이미지가 간토대지진 당시 조선인 학살 사건으로 어떻게 이어졌는지를 검토해 보기로 한다. 나아가 조선인 학살 사건을 다룬 작품을 통해 일본 문학에서 이 사건을 어떻게 형상화하고 어떤 문제의식을 가지고 있는지를 보도록 한다.

(1) 3·1독립운동의 여진 — 불령선인이라는 낙인

근대 일본과 부정적 조선인상의 표상

이제 널리 알려진 사실이지만 근대기 이후 일본은 조선과 조선인에 대해 다양한 부정적 이미지를 만들어 왔으며 이를 거울로 삼아 일본인의 미덕(美德)과 일본 민족의 우수성을 부각하며 내셔널 아이덴티티를 고양시켜왔다.

> 한국인은 불결함을 불결하다고 하지 않고, 파렴치를 파렴치하다고 하지 않으며 미(美)와 선(善)에 대해 심경이 매우 둔하다. 허언(虛言)과 허식(虛飾)에 능하고 … 태만하고 방일(放逸)하여 근면과 역행을 싫어하고 질서와 규율의 관념이 부족하며 또한 아주 냉혹하여 동정의 마음이 결여되어 있다. 질투와 의심이 깊어서 음험(陰險)하며 낡은 관습에 얽매여 쾌활한 기상이 부족하여 한국인에게 수신(修身)을 역설하여 성정을 교화하려고 하면 우선 이 폐단과 악습을 없애는 데 힘을 다해야 할 것이다.(釈尾旭邦, 1908)

이 인용문에서는 한국인이 근원적으로 다양한 형태의 악덕과 부덕을 내재화하고 있고 수많은 폐단과 악습에 사로잡혀 있다는 근대 일본인의 주장이 잘 드러나 있다. 이렇게 한국인을 부정적이고 열등한 이미지로 규정하는 데에는 바로 한국인의 야만성과 미개함을 하나의 사실로서 단정하여 일본인과 차별화시키려는 의도가 강하게 표출되고 있었다.

> 우리나라는 천지산천이 아름다우며 아울러 생활 상태도 훌륭하다. … 만세일계의 황통을 받들어 섬기며 경신충군의 생각이 풍부하고 기질이 쾌활하며, 지력 풍부하여 미를 사랑하고 문학을 좋아하는 것이 마치 천품(天稟)의 성질에 근거하고 있는 것과 같다.(池谷一孝, 1897)

조선인에 대한 부정적인 인식의 확산을 통해 위의 인용문에서 보는 바와 같이 오히려 일본인과 일본문화의 우수성을 각인하고 일본의 미덕과 우수성을 상대적으로 강조하려고 하였다. 이렇게 조선인을 차별화하는 부정적이고 열등한 이미지를 만들어 낸 이유에는 당시 일본의 식민지주의를 정당화하려는 의도가 있었음은 두 말할 여지가 없다. 그런데 근대일본의 지식인들은 우월적인 일본문화의 이미지를 구축하기 위해 서양이나 아시아 각국과 비교하면서 일본문화의 우수성을 언급하는 경우가 많았다. 이러한 경우는 대부분 문명/야만이라는 이분법적 도식 속에서 논의하는 경우가 많았으며, 1900년대 이후에는 식민지주의나 제국주의적 담론과도 착종하면서 논의가 전개되어 나갔다.

그러한 과정에 조선의 전통문화와 예술, 문학은 모두 중국의 아류이며 독창적이고 우수한 것이 없다고 지적하고 문명국이 아닌 조선은 독립의 능력을 가지지 못하며, 나아가 조선은 악정으로 인해 자치 능력이 없기 때문에 다른 나라에 의해 보호를 받을 수밖에 없다는 논리를 끊임없이 만들었다.

문명/야만에 기초한 이러한 논리가 한일강제병합이라는 식민지주의 논리로 이어졌음은 두말 할 필요가 없다. 한편, 1910년 강제병합이 이루어진 이후에는 조선문화와 조선인을 열등시하는 이러한 이미지는 조선총독부의 무단정치와 더불어 한반도에서 조선인을 멸시하고 차별하는 큰 배경이 되었다. 그리고 이러한 조선인을 향한 일상적인 차별과 굴욕은 3·1독립운동이 전 계층과 전 지역으로 확산되는 커다란 요인 중 하나가 되었다.

조선인에 대한 폭력 이미지의 형성

조선인의 이러한 부정적인 이미지와는 별도로 3장과 4장 소설「간난이」와「불령선인」에서 살펴보았듯이 일본인들은 조선인에 대해 또 다른 부정적 이미지를 가지고 있었다.「간난이」에서 경기도의 순사가 된 아버지를 따라서 며느리와 손자가 조선으로 건너가는 것이 정해지자 주인공 류지의 할머니가 "갑자기 불안해져 병합 전후부터 오랫동안 계속된 폭동에 대한 이야기를 듣고 '성질이 거친 외국'에 건너는 아이와 손자가 마음이 놓이지 않아"하는 모습, 어머니 오슌이 조선으로 향하면서 다시는 고향을 "평생 보지 못하고 조선에서 폭도들에게 원한을 사서 살해당할지도 모른"다며 눈물을 흘리고 불안해하는 모습은 조선을 '불온한 폭도의 땅'으로 인식하고 있음을 잘 반증하고 있다.

일본은 1907년 헤이그 만국평화회의에 고종이 밀사를 파견한 사건을 구실로 삼아 강제로 고종을 퇴위시키고 군대의 해산, 경찰권과 사법권의 위임, 일본인 차관(次官) 임용을 주요 내용으로 하는 정미칠조약(丁未七條約)을 강요하여 실질적인 정부기능과 권력을 앗아갔다. 이 중에서 대한제국 군대의 해산은 결과적으로 1905년 을사조약에 맞서오던 의병활동에 기름을 붓는 격이었다. 해산명령을 받은 군인들은 이를 거부하고 일본군과 교전을 벌이는 경우도 있었으며, 각 지역의 의병과 결합하여 한층 조직적인 항일무장운동을 전개하였다. 그런데 이러한 의병운동에 대해 당시 한반도에서 간행되던 일본어 매체는 '폭도'가 일으키는 '폭동'을 강조하며 불온한 존재로서 조선인상을 강조하였다.

• 폭도 봉기 이래 각지에 일본인 학살사건 빈번하게 일어나기 때문에 일본인은 물론이고 한인(韓人)도 일본인과 관련되는 사건에 대해서는 폭도의 독수(毒手)를 두려워하여 한국 내지에 깊이 들어가는 것을 피하고, 우리 농상공부과 같은 실업 방면의 발전은 매우 저해를 받아 한국 내지와 관계하는 일은 한참동안 유보해야 하는 형편이다.(『朝鮮』, 1908. 3.)

• 돌연 100여명의 폭도가 습격하여 나 혼자로는 도저히 막을 수 없으므로 다행히 밤중이라 필요서류는 죄다 가방에 넣어들고 다케시(猛)는 아내가 업고 뒷문으로 도망쳐서 아직 1리도 오기 전에 추격되어 아내는 양다리가 거의 불구가 될 정도로 중상을 입고 다케시는 폭도 때문에 참살되었다.(翠香, 1908. 5.)

1908년도 서울에서 창간한 일본어 종합잡지 『조선(朝鮮)』에서는 창간호부터 당시 전국에 걸친 한국인의 의병활동을 거의 매호마다 기사

화하여 이들이 일본인을 학살하고 재산상, 인명상 무수한 피해를 초래하고 있음을 대서특필하였다. 이로 인해 위의 첫 번째 인용문에서 보듯이 심지어 일본인들의 사업과 관련된 조선인도 피해를 받고 있으며 이로 인해 조선의 각종 농공상의 실업사업이 지체되고 있음을 적극 문제제기하고 있었다. 두 번째 인용문은 이 일본어 잡지의 문예란에 게재된 「사랑의 마음(愛の心)」이라는 짧은 소설인데, 이 작품은 경찰인 주인공 "다쓰노 료조(龍野良三)"가 조선인의 저항이 격렬한 지방에 파견되었는데, 그곳에서 조선의 한인 "폭도에게 습격되어" 그의 아내는 중상을 입고 4살 아들은 참살당한 이야기를 그리고 있다. 이로 인해 다쓰노 료조의 아내는 발광하였는데, 이러한 다쓰노 료조 일가의 비참함을 통해 일본의 통감부 정치에 저항한 한국인을 자명한 폭도로서 규정하고 단란한 일가의 행복을 빼앗아 간 원흉으로 묘사하고 있다.

뿐만 아니라 이 잡지의 1권 4호와 5호에 「한국 폭도는 어떻게 방인을 괴롭히고 있는가」를 연속 게재하면서 역시 아이의 산기를 앞둔 일가가 조선인 폭동으로 고난을 겪는 이야기를 소개하면서 '한국 폭도의 야만스러움은 대만의 생번(生蕃)보다 더하다.'는 표제어를 더해 한국인 의병운동을 가장 야만적인 행동에 비유하고 있다. 이렇게 한반도가 일본의 식민지가 되기 이전부터 일본은 한국인들의 저항운동을 야만스런 폭도로서 규정부하고 인명을 살상하고 일상적인 경제활동을 무력화시키는 위험스런 존재로 이미지화하였다. 이러한 이미지의 확산은 인해 소설 「간난이」에서 류지의 할머니와 어머니가 직접 경험도 하지 않은 한반도를 폭도가 출몰하고 폭동이 빈발하는 '성질이 거친 외국'으로 생각하며 불안한 심정을 가지게 되는 원인이라고 할 수 있다.

3·1운동과 불령선인

한편, 불법적이고 폭력적인 조선인의 이미지는 3·1독립운동과 더불어 일본의 미디어가 만든 폭력 이미지로 인해 더욱 확산하며 조선인을 표현하는 이미지로 굳어지게 된다. 당시 조선총독부 기관지였던 일본어 신문 『경성일보(京城日報)』가 1919년 3월에서 4월 초에 이르는 3·1독립운동 관련 기사를 보더라도 이러한 흐름은 잘 나타난다. 3월 1일부터 고종의 국장과 관련한 기사는 이 신문에서 크게 다루어지고 있었지만 이날을 기해 일제히 일어난 만세운동은 총독부의 보도 단속으로 초기에는 그 모습이 보도되지 못하였다. 그러다가 3월 6일자 석간에 하세가와(長谷川) 총독이 3월 5일에 발표한 "일부 불령(不逞)한 무리의 선동에 의한 조선인 군중의 망동"에 대한 '유고(諭告)'를 게재하며 조선인의 저항과 만세운동이 있었음을 간접적으로 알리게 된다.

그리고 총독의 유고가 발포된 이후 7일부터 3·1독립운동에 대한 기사가 보이기 시작하는데, 이 기사들은 윌슨의 민족자결주의 주장이 조선에는 해당되지 않으며 일부 불령한 자들의 선동으로 조선인의 '불온'한 행동이 일어나고 있으며 이 '소요'를 그만 둘 것을 경고하는 내용이 많았다. 이 기사들은 주로 조선인들이 폭력을 행사하고 흉기를 사용하고 있다고 노골적으로 폭력성을 강조하며 3월 13일 "폭민(暴民)이라는 표현이 등장한다. 그러다 점차 조선인들의 방화나 투석, 일본인 민간인이나 경찰, 헌병에 대한 폭력과 상해, 살인 등을 애써 강조하는 기사가 늘어났다. 일본 경찰과 헌병의 무자비하고 폭력적인 진압과 탄압과정과 관련된 기사보다는 조선인의 폭력과 상해, 살인 등을 보다 확대해석하려는 경향이 노골적으로 보인다.

오랫동안 식민지 조선의 일본인 연구를 수행하였던 다카사키 소지(高崎宗司)는 "다이쇼 데모크라시 전성의 도쿄에서는 요시오 사쿠조나 야나기 무네요시가 일본의 식민지 지배를 비판하고 조선 및 조선인의 행동을 이해하도록 호소하였다. 그런데 재조일본인 사이에서는 그러한 목소리는 일어나지 않았다."(高崎宗司, 2002)고 지적하고 있다. 그런데 재조일본인 사이에서 그러한 목소리는커녕 3·1운동이 일어나자 오히려 폭도로서의 이미지를 강조하고자 하였다. 당시 한반도에서 간행하던 일본어 종합잡지 『조선급만주(朝鮮及滿州)』에도 게재하지는 못하였지만 이 잡지의 사장인 샤쿠오 교쿠호가 '불령조선인을 교도하다'(1919. 3.)는 사설을 쓰려고 했던 사실이나, 이 이후 일련의 기사에서 조선인들의 '폭동'을 지적하고 일본인과 경관, 헌병에게 가한 폭력적 이미지를 강조하는 기사들이 산견된다. 일본 내 주류 언론 매체의 경우는 고바야시 마사루의 「조선·메이지 52년」이라는 작품 내에 나와 있듯이 이와 대동소이하다고 할 수 있다.

한편, 『경성일보』에서는 3월 24일 「불령선인 노동자를 선동하여 의주 거리로 향하다」는 기사가 나오는데 이때부터 '불령선인'은 불온한 조선인을 나타내는 하나의 보통명사화 하여 사용하게 된다. 소설 「불령선인」에서 보았듯이 이 '불령선인'이라는 말은 1919년 하반기, 특히 1920년에 이 신문에 빈번하게 사용하게 된다. 그런데 3·1운동으로 표출된 독립에 대한 의지는, 그 이후에 상해임시정부 수립으로 이어지고 각지에 독립군이 편성되는 등 그 어느 시기보다 독립운동이 활발하게 일어났다. 따라서 당시의 주류 언론들은 국내뿐만 아니라 국경지역, 구 만주 지역, 상해, 미주 등 해외의 독립운동 세력에 대해서 항상 이

용어를 사용하며, 그 폭력성을 강조하고 있다.

> 본년 3월 이후 평안북도에서는 총기를 휴대한 불령선인이 중국 측에서 수회에 걸쳐 월강(越江) 잠입하여 와서 경찰관 및 면(面) 직원을 살상하고 어떤 경우는 금품을 강탈해 도주하는 등 광폭함을 노정하였다. 그 이래로 당국 관헌에서는 극력 경비를 엄하게 하여 이들의 제거에 노력하고 있으나 그들은 연장 약 200리에 걸친 압록강을 야간에 몰래 침입하여 와서 … (『京城日報』, 1920. 6. 24.)

이 인용 기사에서 보듯이 3·1운동 이후 조선인들이 국경을 넘나들며, 아니면 한반도 내부에서 폭동을 일으키거나 상해나 살상을 일으키며 금품을 강탈한다는 기사가 빈출하고 있다. 특히 이러한 조선인에 대해 폭탄이나 총기 등 무기를 제조하여 소지하거나 공공기관을 습격하고 일본 경찰과 교전을 하는 등의 이미지로 표출되는 경우가 많았다. 이러한 조선인의 불법적이고 폭력적인 이미지를 확산시키는 데에는 조선인의 독립운동에 대한 경계심을 강조하고 일본의 무력진압과 폭력성을 합리화하기 위한 측면도 없지 않았다.

요시노 사쿠조(吉野作造)는 1923년 11월 조선인 학살 사건을 언급하면서 "조선인 폭행의 유언비어가 전해지고 국민이 곧바로 이것을 믿었던 것에 대해서는 조선통치의 실패, 이에 수반된 조선인의 불만이라고 하는 것이 일종의 잠재적 확신이 되어 국민심리의 어딘가에 지반을 차지하고 있었던 것은 아닐까"(吉野作造, 1923)라는 의견을 피력하였다. 와타나베 가즈타미(渡辺一民)는 이 의견을 받아들여 "무의식의 죄악감이 공포로 되어 인종차별의 폭행으로 나타났"다고 지적하고 이런 의미에서 간토대지진 당시 조선인 학살이 "3·1독립운동이 일본인 사이에 널리 남긴 기억과 관계"(渡辺一民, 2003)가 있을 것이라고 지적하고 있다.

그러나 보다 엄밀히 말한다면, 그 기억은 바로 일본 정책 당국자나 주류언론들이 조선독립운동을 '불령'한 것으로 이미지화하고 여기에 폭동을 일으키는 폭도나 파괴를 연상하는 총체적 단어로서 '불령선인' 이라는 이미지를 구축하고 유포한 것이라 할 수 있다. 그리고 이와 상반하는 정보를 전혀 얻을 수 없는 상황에서 일본인들은 이러한 이미지를 받아들이고 조선인을 잠재적 범죄자나 폭동 음모자로 인식하게 되었고, 이러한 기억이 그대로 간토대지진 당시 조선인 학살 사건으로 이어졌다고 할 수 있다.

(2) 간토대지진과 조선인 학살 사건

근대기 이후 일본 최대의 재난 — 간토대지진

1923년 9월 1일 도쿄는 아침부터 가랑비가 간간히 내렸으며 점심시간 가까이에는 초속 10m에 달하는 강한 남쪽 바람이 불고 있었다. 당시 토요일은 반일 근무이기 때문에 오전 업무를 끝마친 모든 관공서와 회사가 한주의 업무를 파할 시간인 오전 11시 58분 44초 도쿄의 모든 대지와 건물이 크게 흔들리기 시작했다. 근대 이후 재난역사상 가장 큰 피해를 남긴 간토대지진이 도쿄, 가나가와현(神奈川県), 지바현(千葉県), 사이타마현(埼玉県), 시즈오카현(静岡県), 야마나시현(山梨県)에 각

각 진도 5에서 6을 기록하며 엄청난 타격을 주는 순간이었다. 진원지는 규모 7.9의 강도였다. 근대일본의 수도였던 도쿄는 물론 요코하마 등 수많은 인구가 밀집해 있었던 수도권 전역에 건물 붕괴, 화재, 산사태, 쓰나미 등의 피해가 발생하였으며 10만 5천여 명이 사망하거나 실종되었다.

특히 간토대지진 당시 수도권 전역에서 일어난 화재로 인해 피해규모는 눈덩이처럼 불어났다. 도쿄에서는 지진 이후 곧바로 132곳에서 화재가 일어나 2일간 계속 지속되어 전 도시의 64%에 이르는 지역이 초토화되었다. 9월 1일 야간에는 기온이 46도에 이를 정도로 화재 규모는 엄청났는데, 이 화재로 약 5만 명 정도가 희생되었다. 특히 혼죠구(本所区, 지금의 구로다구〈黒田区〉)의 구육군 피복창(被服廠) 부지에 약 4만 명의 사람들이 화재를 피해 모여 있었는데, 갑자기 거대한 회오리바람이 일어나 이 바람을 타고 불이 옮겨붙어 모여 있던 피난민들 대부분이 목숨을 잃었다. 지진 그 자체보다 이렇게 화재로 인한 피해가 훨씬 심각했던 이유는 점심시간 가까운 시간대에 지진이 일어났기 때문에 많은 가정에서 불을 사용하고 있었으며, 일본에 목조식 건물이 많았던 점, 도시에서 동시다발적인 화재로 소방당국이 충분히 대응할 수 없었던 점 등을 들 수 있다.

이 지진 발생으로 도시의 교통 등 인프라 시설은 물론, 통신시설, 우편관련 시설, 신문 등 언론 관련 시설에도 타격을 주었으며, 큰 여진과 화재가 이어지는 가운데 수도권 시민들은 불안한 심정으로 피난길에 올랐다. 도쿄는 지진과 화재로 수도 기능을 완전히 상실하고 말았다. 그리고 군과 경찰을 중심으로 정부는 각 지역에 질서를 회복하겠다는 조치로 자경단(自警團) 조직에 적극 개입하는 한편, 혼란을 극복하고 사회 질서를 회복한다는 명분으로 9월 2일 곧바로 계엄령을 선포했다. 이러한 과정에서 제1차 세계대전 이후 군축여론의 분위기 속에서 다소 위축되어 있던 군대가 사회질서 유지 역할을 담당하면서 일본 사회에 전면으로 등장하는 계기가 만들어졌다.

재난 후 정치·사회적 환경의 변화와 탄압

다음 문장은 간토대지진이 일어난 이후 일본의 정치적, 사회적 변화를 이해하는 데 매우 중요한 내용이다.

> 간토대지진은 그 가공할 천재(天災)와 인재(人災)의 더블 펀치에 의해 다이쇼(大正) 데모크라시의 종언을 고하고 쇼와(昭和) 군국주의와 금융공황 시대의 막이 열리는 전조가 되었다. … 그러나 제도 부흥 때에 보인 국민의 샘솟는 듯한 에너지와 통반석 같은 굳은 단결심, 그리고 한편으로 불행 속에서 서로 돕고, 또한 조선인들을 목숨 걸고 비호한 의협심 두터운, 인간으로서의 따뜻함이 있는 사람들이 있었던 점 … 영구히 남아 계속 이야기되었다.(中島陽一郎, 1973)

다이쇼 시대는 이른바 '다이쇼 데모크라시'라고 불리는 개방적이고 민본주의 지향적인 분위기가 무르익고 있었던 시기였다. 보통선거를 요구하는 목소리가 힘을 얻어가면서 집회, 결사의 자유를 둘러싼 운동이 일어나고 노동자의 단결권과 파업권을 요구하는 주장이 고양되었으며 남녀평등이나 자유교육 등의 목소리도 높아졌고 군대의 해외

파병 중지 요구도 비등했으며 정치적으로도 1917년 본격적인 의미의 정당내각이 들어서기도 했다. 그러나 간토대지진을 계기로 하여 정부는 지진이라는 재난상황을 계엄령 발령으로 정부의 뜻에 맞게 사회 분위기를 통제하려고 하였다. 예를 들면 9월 7일에 발령된 긴급칙령(緊急勅令) '치안유지를 위한 벌칙에 관한 건'이 이에 해당한다. 이 칙령은 1925년에 공포된 일본사회의 적극적인 사상통제를 위한 '치안유지법'의 전신에 해당하는 칙령으로 국가의 질서유지라는 명분으로 사회를 적극적으로 통제하기 위한 한 방편이었다.

이러한 가운데, 군대와 경찰은 간토대지진 이후 3대 학살사건이라 불리는 '아마카스(甘粕) 사건', '가메이도(亀戸) 사건', '조선인 학살 사건'에 깊숙이 개입하게 된다. 가메이도 사건은 사회주의자이자 노동쟁의 등으로 불온시 되었던 히라사와 게이시치(平沢計七, 1889-1923), 가와이 도시토라(川合義虎, 1902-23) 등 10명이 간토대지진의 혼란 속에서 가메이도(亀戸) 경찰에 체포되어 기병 제1사단(騎兵第1旅団)에 의해 사살된 사건이다. 아마카스 사건은 메이지·다이쇼 시대 일본의 대표적인 아나키스트인 오스기 사카에(大杉栄, 1885-1923)가 9월 16일 작가인 이토 노에(伊藤野枝)와 더불어 헌병대에 연행되어 헌병대사령부에서 살해를 당한 사건인데 이 두 사건은 계엄령 하에서 자행된 대표적인 불법탄압사건이다. 오스기 사카에를 불법으로 체포, 구금, 살해한 육군헌병대위 아마카스 마사히코(甘粕正彦, 1891-1945)는 짧은 기간만 복역하고 출소했으며 나중에 만주로 건너가 만주의 관동군(関東軍)에 관련하면서 만주국 건설에 일익을 담당하였다.

이러한 과정에서 사회주의나 노동조합 운동에 대한 통제와 탄압이 강화되었으며 결국 1925년 치안유지법이 성립되어 사상통제를 적극적으로 실시하게 된다. 이와 더불어 군비도 간토대지진 이전과 달리 확장되는 방향으로 전환되었고, 다양한 방면에서 재난수습을 위한 거대 예산이 소모되고 경제가 악화되는 과정에서 1927년에는 금융공황을 맞이하게 된다. 이러한 사회적 흐름 속에서 일본사회는 이른바 군부를 중심으로 한 '군국주의'가 강화되어 1931년 만주사변, 1937년 중일전쟁, 1941년 태평양전쟁으로 이어지게 되었는데 간토대지진은 이러한 정치적, 사회적 변화의 커다란 터닝포인트가 되었다고 볼 수 있다.

유언비어의 확산과 조선인 학살

1923년 9월 1일 대지진이 일어나고 화재가 도쿄와 요코하마 등지로 빠르게 번지고 있었을 무렵 조선인이 습격해 온다거나 폭탄테러를 자행하거나 불을 지르고 우물에 독약을 풀고 있다는 이야기가 퍼지기 시작하였다. 9월 3일자 『도쿄일일신문(東京日日新聞)』의 "불령선인(不逞鮮人) 각지에 방화하여 제도(帝都)에 계엄령을 실시하다", "조선인이 도처에 난도질을 해댄다. 200명 칼을 빼서 집결, 경관대와 충돌하다"라는 제목의 기사, 9월 4일자 『호쿠리쿠타임스(北陸タイムス)』의 "피난민에게 폭탄을 던지고, 우물에 독약을 투입", "삼백의 조선인 강도와 강간" 등 언론사들도 전혀 확인되지 않은 내용을 여과 없이 그대로 보도했다. 그래서 이러한 유언비어가 수도권, 지방을 가리지 않고 민간인들 사이에 확산되어 갔는데 유언비어가 이토록 광범위하게 확산되고 국민들이 이를 그대로 맹신하게 만든 근저에는 바로 군과 경찰이 있었다.

조선인이 집단적으로 습격하여 공권력에 대항한다거나 약탈과 방화를 한다는 유언비어가 초기에 경찰과 군대의 통신망으로 전달되었으며, 군대와 경찰은 각 지방에 이러한 내용을 타전하며 경계를 늦추지 말고 조선인의 단속을 촉구했다. 당시 통신과 전기시설 등 사회 기반시설이 붕괴된 상태에서 일반인들은 국가의 치안과 안전을 담당하는 기관인 군대와 경찰의 이러한 통신을 그대로 신봉할 수밖에 없었다. 실제 군대와 경찰은 유언비어를 확산시킨 책임뿐만 아니라 스스로가 조선인들, 나아가 중국인, 사회주의자를 불법 구금하고 폭력을 가하며 학살하기도 했다. 예를 들면 이치가와 고노다이(市川国府台)의 야전중포(重砲) 제1연대의 이와나미(岩波) 소위가 고마쓰가와(小松川)에서 조선인 노동자 200명을 살해하는 등 광범위하게 공권력에 의한 폭력과 학살이 이루어졌다.

간토대지진이 일어난 당일 오후부터 일부지역에서 이러한 유언비어가 유포되다 그날 저녁시간대부터 아니면 늦어도 9월 2일부터는 본격적으로 조선인에 대한 폭력이 이루어진다. 그래서 도쿄와 요코하마 등 간토지역을 중심으로 민간에서는 자경단, 재향군인회, 청년단 등의 조직이나 군중들에 의해, 나아가 위에서 언급했듯이 경찰이나 군대에 의해 집단적인 학살이 광범위하게 이루어졌다. 이에 대해서는 지금까지 많은 연구가 이루어져 당시의 증언이나 경험담, 그리고 보도 등을 통해 그 실상이 널리 알려져 있는데, 살해 방법도 죽창이나 투석, 그리고 무차별적인 구타 등을 통해 잔인하게 이루어졌다. 이 조선인 학살 관련 보도는 당시에는 언론 통제를 실시하여 금지되었다가 10월 20일 이후가 되어서야 해금되어 이들의 희생에 대한 보도가 이루어지기 시작하였다.

한편 당시 조선인을 '불령선인(不逞鮮人)'이라는 차별어를 통해 불온시하고 있었던 이유는 앞에서 보았듯이 1919년 3·1독립운동 이후 조선인에 대한 공포의식의 발현이 존재했기 때문이다. 실제 1910년 조선이 강제병합되기 이전부터 독립운동이 활발하게 이루어졌고 일본은 이러한 독립운동가들을 불온시하고 있었는데, 전국적 규모로 평화적 방법으로 전개되었던 3·1독립운동에 위협을 느낀 일본인들이 조선인들에 대해 '불령'이란 용어를 덧칠하여, 무엇인가 위험한 행동을 할 대상으로 간주하던 편견과 무의식이 집단적으로 공유되어 있었던 것이다.

이러한 폭력을 통해 실제 몇 명이 살해되었는지에 대해서는 여러 가지 이론이 존재한다. 당시 일본정부에서는 200-300명이 살해되었다고 밝혔으나 당시 민본주의자 요시노 사쿠조(吉野作造)는 3,000명, 간토대지진 직후에 상해『독립신문』이 파견한 조사단은 6,400~6,600명이라고 발표했다. 금병동(琴秉洞)은 간토대지진 전후 간토지역의 재일조선인 숫자가 대폭 줄어든 상황을 고려하여 6천 명 이상이라고 보고 있으며『독립신문』의 조사가 신빙성이 있는 것으로 판단되고 있다. 따라서 당시 일본 정부 발표와 상당한 차이가 존재하지만 지금까지 이루어진 피학살자 관련 연구내용을 보면 엄청난 숫자에 이르고 있음을 알 수 있다.

작가 구도 미요코(工藤美代子)는 2009년에『간토(関東)대지진「조선인 학살」의 진실』(産経新聞出版)이라는 책을 통해 간토대지진 당시에 일어난 조선인 학살을 부정하고자 했으며 이를 둘러싼 일본 내 교육에 대해서도 이의를 제기했다. 이는 1990년대부터 이루어진 일본사회의 우경화 경향과 역사수정주의의 단면을 잘 보여주는 현상이다. 2011년 3월 11일 동일본대지진 이후 일본 사회의 단결과 애국주의 호소의 분위기 속에서 이러한 분위기는 더욱 심화되었다. 그 일단이 바로 2010년대 재일코리안이나 한국인을 공격하던 헤이트 스피치 데모로 나타났다. 도쿄 신주쿠의 신오쿠보 지역에서 이러한 헤이트 스피치에 항거하였던 가토 나오키(加藤直樹)의 글이 시사하는 바가 적지 않다.

> 간토대진재로부터 90년 후인 2013년, 나는 많은 시간을 도쿄·신오쿠보(新大久保) 노상에서 보내고 있었다. 그 전년부터 신오쿠보에서 재특회(在特会, 재일특권을 용납하지 않는 시민의 모임) 등의 민족차별주의자(레이시스트) 단체가 "한국인을 내쫓아라" 따위를 외치고, "좋은 한국인도 나쁜 한국인도 모두 죽여라"라는 플래카드를 내건 데모를 행하고 있었던 것은, 이에 대한 항의행동과 더불어 독자들에게도 기억에 새로울 것이다.
> 그렇지만 "불령조선인"이라는 문자를 그들의 플래카드에서 발견했을 때, 나는 1923년 간토대진재시의 조선인학살을 상기하고 오싹했다. 레이시스트들의 '죽여라'라는 외침은 90년 전에 도쿄의 노상에 울렸던 '죽여라'라는 외침과 공명하고 있다——.(加藤直樹, 2014)

가토 나오키는 2010년대 일본 각지에서 일어났던 혐한시위와 헤이트 스피치 현상을 보고 간토대지진 당시 조선인 학살 사건을 연상하고 과거와 현재의 그 유사한 심리적 구조를 발견한 것은 당연했을 수 있다. 한편, 이러한 사태는「참사의 뒤, 참사의 전(惨事のあと、惨事のまえ)」

이라는 소설에서 이미 경종을 울리고 있었다. 이 소설은 동일본대지진 1년을 맞이하여 일본과 미국, 영국에서 동시에 간행된 진재소설집 『그래도 3월은, 다시(それでも三月は、また)』에 실린 영국 소설가 데이비드 피스(David Peace)의 작품이다. 여기서 작품의 공간은 1923년 간토대지진 당시 아쿠타가와 류노스케(芥川竜之介)가 가와바타 야스나리(川端康成)의 안부를 걱정하여 그를 만나러 가는 길에 목도하는 지진 후 상황을 그리고 있다. 이 작품 내에서 "아쿠타가와는 이 지진이 완전히 수습되는 일은 없다고 믿었다. 참사는 이제부터 올 거라고 믿고 있었다."(David Peace, 2012)라는 대목으로 끝난다. 아쿠타가와 류노스케가 가와바타 야스나리를 만나고 돌아오는 노상에서 학살당한 조선인의 사체를 보고, 유언비어에 해당하는 조선인의 증거를 보지 못했음을 실토하는 한 순사의 말을 듣고 아쿠타가와는 더 큰 참사가 찾아올 거라는 미래를 상상한다. 이러한 작품 내 인식은 간토대지진 참사 이후만을 지칭하는 게 아니라, 동일본대지진 이후의 헤이트 스피치에 준하는 상황에 대한 경고이기도 했다.

(3) 일본문학 속의 조선인 학살 사건

도쿠타 슈세이(徳田秋声)의 「파이어건(ファイヤガン)」과 조선인 혐오

간토대지진이 가져다 온 막대한 피해와 혼란한 사회 분위기가 어느 정도 수습되고 다소 안정적인 분위기를 찾아가면서 '조선인 학살' 관련 보도금지 지침이 해제된 이후인 1923년 11월부터 이와 연관하여 일본의 문학자들이 목소리를 내기 시작하였다. 그리고 바로 시점부터

간토대지진 이후 이러한 참상을 기록하고 있었던 문학자들은 이러한 폭력과 살해를 비판적으로 형상화하는 재난문학을 다수 창작한다. 예를 들면, 앞에서 보았던 시마자키 도손 작품 외에도 도쿠타 슈세이의 「파이어건」(1923. 11.), 에구치 칸(江口渙)의 「차 안에서 생긴 일(車中の出来事)」(1923. 12.), 아키타 우쟈쿠(秋田雨雀)의 「해골의 무도(骸骨の舞踏)」(1924. 4.), 엣츄야 리이치(越中谷利一)의 「한 병졸의 진재수기(一兵卒の震災手記)」(1927. 9.)와 같은 작품이 이에 해당한다. 이외에도 아쿠타가와 류노스케(芥川龍之介)의 「1923년 9월 1일의 대지진에 즈음하여(大正十二年九月一日の大震に際して)」(1923. 11.)나 다야마 가타이(田山花袋)의 『도쿄진재기(東京震災記)』(1924. 4.) 와 같이 수많은 작가들이 에세이나 평론, 회고기 등을 통해 간토대지진과 조선인 학살 사건을 언급하였다.

당시 3·1운동이나 조선인들의 저항, 조선인 학살 사건 등은 일본 정부의 검열도 심하였고 금지하는 분위기가 강하였기 때문에 이를 비판적으로 언급하는 일은 상당한 용기가 필요한 일이기도 하였다. 1919년 5월 『요미우리(読売)신문』에 「조선인을 생각한다」라는 글로 3·1운동의 당위성과 조선인에게 동감을 표한 이래 오랫동안 일본 경찰의 감시를 받았다는 야나기 무네요시(柳宗悦)의 술회나, 조선인 저항에 대한 진압 과정에서 항상 정부나 조선총독부에 대해 비판적이었던 요시노 사쿠조가 정부의 압력과 감시를 직간접적으로 받았다는 지적이 이를 잘 대변해주고 있다. 더구나 이러한 사건 자체도 그렇지만 심지어 조선인을 언급하는 것조차 검열로 인해 복자(伏字)로 처리되는 경우도 많았다.

이들 작품 중에서 도쿠타 슈세이의 「파이어건」은 『중앙공론(中央公

論)』 11월호에 비교적 일찍 발표된 소설이다. 이 작품은 어느 대학의 한 이학박사가 대학교 캠퍼스 안을 지나가던 중, 누군가가 맥주병보다 더 커다란 물체를 발견하고 소동이 일어났는데, 그 이학박사가 이 의심스런 물체를 가지고 경찰서 서장실을 방문하는 이야기이다.

> 아마 불령(不逞)한 조선인들이 비밀스럽게 사들인 것이겠죠. … 여러분들이 엄하게 조사해 주셔서 … 설마 이것을 사용하지는 않았겠지만, 어쩌면 불길이 이렇게 커진 것도 이것의 효과일지도 모르니까 무엇보다도 이것만은 엄중하게 조사하지 않으면 곤란해요. 어쨌든 이것은 위험물입니다. 조사할 가치는 충분히 있어요. 그렇지 않고 이것은 무엇이겠어요?(德田秋声, 1923)

그 이학박사는 오랫동안 폭탄을 연구해왔다고 자부하면서, 이 물체의 표면에 '파이어건'이라고 적혀 있다는 이유로 제1차 세계대전 당시 독일군이 비행기 낙하용으로 사용한 섭씨 3천도의 열기로 엄청난 파괴력을 가진 폭탄이라고 단정한다. 그런데 문제는 아무 근거도 없이, 위의 인용 장면에서 보는 바와 같이 '불령한 조선인들'이 이러한 물체를 비밀로 사들였으며, 이 물체가 간토대지진 당시 대화재와 어떤 연관을 가지고 있을 수도 있다는 막연한 추측이다. 그러면서 그는 이 물체로 인해 "도쿄는 문자대로 전멸"을 초래할 수 있으므로 가능한 한 많은 형사들이 시내를 돌아다니며 이 물체를 엄중하게 조사해야 한다고 강하게 주장하였다. 결국은 조선인에 대한 근거 없는 조사 의뢰와 단속을 요청한 것이다.

그런데 형사들이 시내를 돌아다니며 조사한 결과, 결국 이 물체는 대량 인명 살상용 폭탄이 아니라 미국산 '최신식 소화기'라는 것이 판명되었고, 이 보고를 받은 이학박사는 자기도 조선인이 이것을 떨어뜨리고 도망갔다고 하는 자가 있어서 '색안경'을 끼고 잘못 보았다고 인정할 수밖에 없었다. 결국 그 이학박사는 형사들로부터 내심 웃음거리가 되지만 이 소설은 이러한 스토리를 통해, 간토대지진 당시 조선인들이 무리를 지어 쳐들어온다던가, 방화를 하거나 우물에 독을 풀었다는 막연한 유언비어가 얼마나 근거 없는 이야기였는지를 비판하고 있는 셈이다.

도쿠다 슈세이(1872-1943)는 일본 근대문학을 확립시킨 자연주의 문학의 대가이자 대중문예의 유행작가이기도 하였다. 그런데, 그는 위의 골계스런 스토리를 빌려 가장 과학적이어야 할 이학박사의 단순한 선입관과 편견이 잘 보여주듯이, 간토대지진 당시 조선인학살이 얼마나 근거 없는 소문에 입각해서 일어났는지를 비유적으로 잘 형상화하고 있다. 한편 이 작품의 모두부에서는 "전도시가 대혼란 속에서 대자연의 폭위(暴威) 앞에 모두 부들부들 떨고 있었던 시기"였기 때문에 군중심리도 개입되어 통상의 범죄가 범죄처럼 보이지 않거나 보통 일반적인 일처럼 생각되고 있었다고 기술하고 있다. 더구나 "인도상 허용할 수 없는 잔학이 이때에는 어쩔 수 없는 것처럼 생각되"었다고 당시의 상황을 기술하고 있다.

그러나 이 소설의 제재가 가상의 폭탄이며 조선인의 방화와 습격 가능성을 언급하고 일반인들이 조선인의 행동에 공포를 가지고 있었다고 기술하고 있는데, 문제는 유언비어의 내용과 더불어 당시 일본인들이 가지고 있었던 공포의 내용이었다. 이는 사실 관계보다 3·1운동 이후 조선인의 대대적인 저항을 맞이하여 이를 탄압하는 과정에서 조선인들이 불법적이며 폭력적이라는 사실을 과대 이미지화하여 이를 널리 유통시킨 결과라 할 수 있다. 즉, 정부 당국자나 주류 언론들이 잘못 만들어 놓은 이미지로 인해 대지진과 전 도시의 화재라는 극단적인 상황에서 시민들은 조선인에 대한 그러한 이미지를 내면화하고 있었던 것이다.

에구치 칸(江口渙)의 「차 안에서 생긴 일(車中の出来事)」과 조선인으로 오인된 일본인

간토대지진 당시 조선인뿐만 아니라 중국인도 상당수 학살을 당하였으며, 조선인으로 오인 받은 일부 일본인도 살해를 당한 것으로 알려져 있다. 이들은 청력에 다소 문제가 있거나 옷차림이 허름하고 일본어 발음이 표준적이지 않은 경우가 많았다. 에구치 칸(江口渙)이 1923년 12월 11일과 12일 『도쿄아사히(東京朝日)신문』 '학예란'에 발표한 「차 안의 사건(車中の出来事)」이라는 단편소설도 일본인 자경단원들이 조선인으로 오인된 한 일본인에게 이유 없이 집단적인 폭행을 가하는 장면이 나온다.

> "난 ××(조선인)이 아니야, ××(조선인)이 아니야." … 이윽고 다음 역에 도착했을 때, 그 남자는 홈을 굳게 지키고 있던 소방대와 청년단, 재향군인단에게 인도되었다. 그리고 손이든 옷깃이든 할 것 없이 마구 잡아 거꾸로 창문에서 밖으로 질질 끌려 나오더니 어느 샌가 끔

찍할 만큼 철권의 비를 흠뻑 뒤집어썼다.

"이봐, 그런 짓 그만둬. 멈춰, 일본인이야. 일본인."

나는 엉겁결에 창문에서 머리를 내밀고 이렇게 외쳤다. … 그러나 홈의 인파는 그런 말에 귀 기울이지 않았다. 고함과 규환의 소용돌이 속에 그 남자를 에워싼 채, 많은 사람들이 개찰구 쪽으로 이동해갔다. 그리고 어느샌가 쇠갈고리와 수레 채가 여기저기 번뜩이더니 모자를 빼앗기고 안경을 벗겨진 그 남자의 옆얼굴에서 붉게 피가 흐르는 것을 나는 전등 빛으로 똑똑히 보았다.(江口渙, 1923)

이 소설은 재향군인인 듯한 사람과 일본인 상인이 기차 안에서 우연히 말싸움을 하던 중, 갑자기 재향군인이 상인을 지목하여 "여러분, 이 녀석은 ××(조선인)이야, 뻔뻔스런 녀석이다. 이런 곳에 몰래 들어와 있어."라고 소리치면서 기차안의 공기가 흉흉해지기 시작하였다. 그 일본인 상인은 자신은 조선인이 아니라고 항변하였지만 소용이 없었다. 이 기차가 다음 역에 도착했을 때 창을 통해 무자비하게 질질 끌려 나갔다. 그때 작품의 주인공과 다른 몇몇 사람들이 그 상인이 조선인이 아니라 일본인임을 변호해주었지만 조선인이라고 한번 낙인이 찍히고 기차 안의 모든 사람들이 일어나 호통과 욕설이 난무하며 흥분하는 가운데 그러한 변호는 소용이 없었다. 그 일본인 상인은 위에서 보는 바와 같이 조선인 습격에 대비하여 각 역을 지키고 있었던 자경단과 재향군인들에 의한 폭력에 무방비로 노출된다. 그를 향해 쇠갈고리와 채찍이 사정없이 쏟아지고 그 일본인 상인은 처참하게 피를 흘리게 된다. 그리고 기차 속의 시야에서 사라진 이후 그는 아마 학살되었을 것으로 주인공은 추정하였다.

이렇듯 이 작품은 조선인에 대해 분명한 이유도 없이 흥분할 대로 흥분한 일본인의 집단적인 군중심리를 잘 보여주는 소설이다. 간토대지진이 일어나고 대화재와 더불어 많은 사람들이 희생을 당하고 특히 강한 여진이 계속되었기 때문에 수많은 사람들이 피난길에 올랐다. 이 작품의 모두부에서도 "지붕이라는 지붕은 물론, 연결기 위에서 기관차의 기관 주위에까지 마치 나방의 유충에 꾀인 개미처럼, 표면 전체에 도쿄로부터의 피난민을 태운 우리들의 열차가"라고 나와 있듯이 지방으로 향하는 기차 내부는 물론 지붕이나 탈 수 있는 곳에서는 사람들로 가득 차 있었다. 지진이 일어나고 7일째를 맞이하는 9월 8일의 시점에도 이러한 상황이었기 때문에 얼마나 많은 사람들이 피난길에 올랐는지 알 수 있다.

따라서 이 당시 지방에서도 각 역마다 자경단이나 재향군인들이 역을 지키면서 수도권에서 내려오는 기차에서 내리는 사람들 중에 조선인이 없는지 수색하였으며, 의심이 가는 사람들에게는 위에서 보는 바와 같이 집단적인 폭행을 가하고 살해하는 경우조차 있었다. 그런데 이 작품에서 재향군인인 사람이 일본인 상인을 향해 '조선인'이라고 지목했을 때 기차 내 모든 사람들이 일어나 흥분하고 욕설을 가한 이유는 무엇일까? 이 작품에서 기차가 도쿄를 출발하고 얼마 지나지 않아서 기차의 창문을 통해 "죽창과 갈고랑"을 손에 들은 한 무리의 사람들이 하얀 옷을 입은 사람들을 좇고 결국 조선인 사체가 발견되는 장면을 보고 승객들이 온통 흥분해 "미친 듯한 함성소리"로 가득 찼고 동요하고 있었다. 피난길에 오른 이 기차 안 장면이야말로 당시 일본인들의 집단적 군중심리의 실체를 적나라하게 보여주고 있다.

이 소설의 작가 에구치 칸(1887-1975)은 1912년 도쿄제국대학 영문과에 진학하여 문학 활동을 시작하였으며 일본 근대문학의 대표적 작가인 나쓰메 소세키(夏目漱石) 문하생 중 한 명이었다. 그는 1920년에는 일본 사회주의동맹 중앙 집행위원을 맡는 등 사상적으로 사회주의적인 경향을 가지게 되었으며 이후 일본 프롤레타리아문학 운동의 중추적 역할을 담당한 작가이다. 이 작품의 마지막 장면은 이 기차에서 창문으로 질질 끌려 나가 집단적 폭행을 당하고 사라졌던 이 일본인 상인이 사이타마현에서 공표한 학살사건의 희생자 중 한명으로 들어가 있었을 거라는 짐작과 더불어 이 일본인 폭행 사건에 대해 다음과 같이 비판하고 있다.

> 이렇게 하여 사람들 사태에 이리저리 밀리면서 개찰구 저쪽으로 사라져 간 그 일본인의 뒷모습을 지금도 잊을 수가 없다. 나는 일 개월 정도 지난 뒤에 사이타마현(埼玉県)에서 학살사건이 공표되었을 때, 저 남자도 그 중 한 명으로 헤아려졌다고 생각할 수밖에 없었다. 그리고 무방비의 소수자를 다수의 무기와 힘으로 득의양양하게 학살한, 용감하고도 충실한 '야마토다마시(大和魂)'에 대해, 마음으로부터 모멸과 증오를 느끼지 않을 수 없었다. 특히 그 우매함과 비열함과 무절제에 대해서.

무엇보다 이 작품은 조선인과 사회주의자들에게 광적인 적대감이 휘몰아치는 기차 안의 이상한 풍경을 통해 간토대지진 이후 일본사회의 일방적인 군중심리와 편견, 그리고 소수자들에게 가해지는 폭력을 비판적으로 고발하고 있다. 기차 안에서 생긴 무기와 힘을 가진 다수자가 무방비 상태의 소수자들을 폭행하고 학살한 사건에 대해 이 작품에서는 통렬한 비판을 가하고 있다. 그리고 이러한 사태를 목전에 두고 작가는 '야마토다마시', 즉 일본정신 그 자체에 대해서도 모멸과 증오감을 느꼈다.

아키타 우자쿠(秋田雨雀)의 「해골의 무도(骸骨の舞跳)」와 자경단의 실체

간토대지진과 대화재가 일어나고 간토지역이 혼란한 가운데 재향군인회, 소방대나 청년단 등 다양한 형태로 각 지역 민간인들이 자경단을 만들어 대재난의 혼란을 수습하고자 하였다. 그런데 이 자경단은 많은 경우 어떤 법적 권한도 없이 폭력을 수반하였으며, 특히 조선인 색출을 통해 이유 없이 폭력을 가하였다. 1924년 4월 『연극신조(演劇新潮)』에 게재한 아키타 우자쿠의 희곡 「해골의 무도」가 재해 피해자와 피난민 구호를 위해 설치된 텐트 내에서 일어난 사건을 통해 이러한 실상을 잘 표현하고 있다.

당신들이 말하듯이,
이 사람은 조선인일지도 모른다.
그러나 조선인은 당신들의 적이 아니야.
일본인, 일본인, 일본인
일본인은 당신들에게 무엇을 하였을까?
일본인을 괴롭히고 있는 것은,

조선인이 아니라 일본인 자신이다!

그런 간단한 사실을 당신들은 알지 못하는가?

청년은 조선인의 손을 잡아 껴안듯이 하며,

이 사람을 보게나.

이 사람은 하나의 인간이다.

이 얼굴을 보게나.

이 사람이 죄가 없는 사람을 죽이거나,

우물에 독을 넣거나 할까?

이 사람도 적이 있을 것이다.

그러나 그것은 당신들이 아니다.

당신들은 아무것도 알지 못한다.

아무것도 모른다.

아무것도 알려져 있지 않다.

또한 아무것도 알려고 생각하지 않는다.

당신들의 패거리는 이 사람의 친구를

죄도 없고 무기도 없는,

한 장의 나뭇잎처럼 온순하고 천진한 사람들을,

당신들의 패거리는 이유도 없이 죽인 것이다!(秋田雨雀, 1924)

이 작품은 도쿄에서 동북쪽으로 150리 정도 떨어진 N역에 피난민을 위해 설치된 구호반 텐트에서 새벽 2시를 지난서 일어난 사건이다. 이 텐트에는 부상을 믿은 사람들을 수용하고 있어서 간호부나 의사들이 이들을 돌보고 있는데, 그곳에서 아오모리(青森)로 향하는 청년과 홋카이도(北海道)로 가려는 노인이 만나서 이야기를 나누는 장면에서 스토리가 시작된다. 지진으로 딸과 손주를 잃은 이 노인은 이곳에서도 조선인이 습격해 올지도 모른다고 공포를 느끼자, 이 청년은 그것은 진실이 아니며 자신은 일본인의 행동에 대해 깊은 절망을 느꼈으며 일본인에게 혐오를 느낀다며, 오히려 조선인들에게 동정을 표하였다.

그런데 갑자기 이 구호반 텐트에서 "수많은 조선인들이 사단(師團)으로 몰려오고 있다는 소문"이 돌고 이 텐트에 모인 사람들은 다시 공포감을 느끼기 시작한다. 그런데 이 와중에 갑자기 병사들이 열을 지어 걷는 소리가 나더니 손에 창과 검을 가진 자경단원들이 밀어닥쳤다. 그들은 어느 기차에서 이역에 내린 조선인들이 이 구호반 텐트에 들어와 있다는 이야기를 들었다고 하면서 텐트 안으로 들어오려고 하였다. 간호부는 환자들이 많다며 반대했음에도 불구하고, 자경단원들은 그 조선인이 폭탄을 가지고 있을지도 모른다며 환자들이 섞여 있는 텐트를 난폭하게 조사하기 시작하였다. 그러는 가운데 노인과 청년 뒤에 웅크리고 있는 노동자풍의 24, 5세 정도 되는 청년을 의심하며 심문하기 시작하였다.

그러는 와중에 이들의 행동에 다시 절망감을 느낀 주인공 청년은 위의 인용문에서 보는 바와 같이, 자경단의 난폭한 행동을 규탄하였다. 그리고 일본인을 괴롭히는 것은 죄도 없고 무기도 없으며 온순하고 천진한 이 조선 청년이 아니라 자신감을 상실한 일본인들 본인이라고 강하게 나무랐다. 그리고 나서 이유도 없이 조선인에게 폭력을 가하고 살해한 일본인을 엄하게 비판하였다.

특히 이 청년은 자경단원들이 멋대로 수색하고 징벌하는 권한에 대해 의문을 표시한다. 청년은 조선인 청년의 신상을 조사하는 모습을 보며, 자경단에게 "무슨 권리가 있어서 그런 걸 묻습니까? 그런 권리를 어디로부터 가져왔습니까?"라며 '신원조사'의 권리는 물론, 밤늦게 피난민 텐트 속에 들어와 난폭하게 구는 행동에 대해 항의한다. 그러한 항의에 대해 자경단원들은 오히려 그 청년을 향해 '불령 일본인이다…', '주의자다…', '위험인물이다…'라고 외치며 조선인으로 보이는 청년과 더불어 그 두 사람을 '해치워라!'고 공격을 가하고 텐트 안은 아수라장으로 변한다.

자, 자네 내 손을 잡아 주게,
자네가 당한다고 한다면 나도 죽겠다!
죽음!
몇백 명, 몇천 명이 몇백 년 몇천 년 전부터,
자신이 사랑하는 민중을 위해,
살해당했던가?
우리들은 바보스런 민중에게 아첨하기 위해,
태어난 게 아니다,
싸워서 죽기 위해 태어났다!
정의와 우정을 위해 죽어,
가는 것이다. …
새로운 신비여!
힘과 우정의,
새로운 인간의 결합을 위해,

태어난 신비여!

끓어올라,

이 혼이 없는 추악한 잠재의 곰팡이를 털어서 떨어뜨려라!

비열한 조상숭배의 허위와,

영웅주의와,

민족주의,

의 가면을 벗겨내고,

추악한 해골의 무도를 춤추게 하라. …

화석으로 변하게 하라,

추악한 해골!

청년은 자경단이 마치 전쟁에라도 나가듯이 입고 있는 갑옷과 투구를 벗으면 그들은 "생명이 없는 꼭두각시 인형, 시랍(屍蠟), 미라, 해골"에 지나지 않을 것이라며 위와 같은 주문을 외운다. 결국 이들 자경단은 본원적인 도덕성을 가지지 못하고 그들은 본성은 단지 꼭두각시나 생명 없는 미라나 해골에 지나지 않는다는 점을 강조한 것이다. 일체의 민족주의와 군중심리를 움직이는 영웅주의를 배격하고 그들의 가면을 벗기면 결국에는 이러한 추악한 해골의 화석(化石)밖에 남지 않는다는 사실을 상징적으로 표현하여 강하게 비판하고 있다.

아키타 우자쿠(1883-1962) 극작가이자 소설가, 동화작가, 시인이며 1920년대에는 프롤레타리아 문학 경향을 가지고 사회운동에도 적극적으로 참여하였다. 이 「해골의 무도」라는 작품은 희곡이기 때문에 연극적인 요소가 곳곳에 잘 나타나 있는데, 이 작품은 아키타 우자쿠가 조선인 학살을 주도한 자경단에 대한 분노를 직접적으로 표현하고자 한 희곡이라 할 수 있다. 그는 실제 아무런 죄가 없는 조선인을 위협하고 살해하는 당시 자경단의 본체가 무엇인지를 이러한 생명 없는 해골의 모습으로 상징적으로 설명하고자 하였다.

참고 문헌

1장

박은식. 『한국독립운동지혈사(韓國獨立運動之血史)』. 1920(『巖朴殷植全集』, 동방미디어, 2002. 8.)

신용하. 『3·1運動과 獨立運動의 社會史』. 서울대학교출판부, 2001. 6.

이연. 『일제강점기 조선언론 통제사』. 박영사. 2013. 10.

추헌수. 『한민족의 독립운동과 임시정부의 위상』, 延世大學校 出版部. 1995. 8.

이윤상. 『3·1운동의 배경과 독립선언』, 독립기념관 한국독립운동사연구소. 2009. 12.

이규헌. 『사진으로 보는 獨立運動(上)』. 서문당. 2005

「쉽고 바르게 읽는 3·1독립선언서」. 3·1운동 및 대한민국임시정부수립 100주년 기념사업회. 2018. 11. 15.(https://www.together100.go.kr/)

국사편찬위원회의 3·1운동 데이터베이스(http://db.history.go.kr/samil/).

朴慶植. 『朝鮮三 · 一独立運動』. 平凡社. 1976.

東京朝日新聞. 大韓毎日新聞. 読売新聞. 1919.

2장

정병호, 엄인경. 『조선의 미를 찾다 — 아사카와 노리타카의 재조명』. 아연출판부. 2018.

奥平武彦. 「李朝」. 『陶器講座』. 雄山閣. 1937.

鄭銀珍. 「朝鮮陶磁と浅川」. 『浅川のりたか · 巧兄弟の心と眼—朝鮮時代の美」. 美術館連絡協議会. 2011.

浜口良光.「朝鮮の庶民料理—柳先生を偲んで」.『民芸』. 1961. 12.
藤島亥治郎.「朝鮮を思ふ」.『朝鮮及滿州』. 1924. 5.
水尾比呂志.『評伝 柳宗悦』. 筑摩書房. 1992.
柳宗悦.「朝鮮人を想う」.『読売新聞』. 1919. 5. 20-24.
柳宗悦.「今月の挿絵に就て」.『白樺』. 1920. 2.
柳宗悦.「「朝鮮民族美術館」の設立に就て」.『白樺』. 1921. 1.
柳宗悦.「失われんとする一朝鮮建築の為に」.『改造』. 1922①. 9.
柳宗悦.「編輯余録」.『白樺』. 1922②. 9.
宮崎滔天.「東京より」.『上海日日新聞』. 1919. 3. 8.
宮崎滔天.「東京より」.『上海日日新聞』. 1919. 6. 27.
成田龍一.「大正デモクラシ—とはどんなデモクラシ—だったのか」.『日本の近現代史をどう見るか』. 岩波新書. 2010
「朝鮮青年諸君に呈す」.『デモクラシイ』. 第1巻 第2号. 1919. 3. 31
「朝鮮の統治者に与ふ」.『デモクラシイ』. 第1巻 第5号. 1919. 6. 29.
吉野作造.「朝鮮暴動善後策」.『中央公論』. 1919. 4.
吉野作造.「朝鮮に於ける言論自由」.『中央公論』. 1919. 6.
吉野作造.「朝鮮の暴動について」.『中央公論』. 1920. 11.
吉野作造.「朝鮮問題に関し当局に望む」.『中央公論』. 1921. 2.
朴慶植.『朝鮮三・一独立運動』. 平凡社. 1976.
「朝鮮各地擾乱」.『東京経済新報』. 東京経済新報社. 1919. 3. 15.
「鮮人暴動に対する理解」.『東京経済新報』. 東京経済新報社. 1919. 5. 15.
「朝鮮の将来」.『東京経済新報』. 東京経済新報社. 1919. 8. 5.
「一切を棄つるの覚悪」.『東京経済新報』. 東京経済新報社. 1921. 7. 23.
「大日本主義の幻想(一)・(二)・(三)」.『東京経済新報』. 東京経済新報社. 1921. 7. 30./8. 6./8. 13.
長幸男.『石橋湛山—人と思想—』. 東京経済新聞社, 1974. 7.

3장

정병호 편역. 『근대 일본과 조선 문학』. 도서출판 역락. 2016.

秋野さち子. 「楊柳のようにゆれた手」. 『北国の雪』. 國文社. 1982.
小林勝. 『朝鮮・明治五十二年』. 新興書房. 1971.
角圭子. 『朝鮮の女』. サイマル出版会. 1973.
中西伊之助. 「不逞鮮人」. 『改造』. 1922. 9.
中西伊之助. 「朝鮮文学に就て」. 『読売新聞』. 1924. 8. 19.-8. 24.

4장

서정민, 양현혜. 「제암리교회 사건에 대한 일본측의 반응」. 『한국기독교와 역사』 제7호. 1997. 8.
박진수 편. 『근대 일본의 조선 붐』. 역락. 2013.
이덕주, 김형석. 「3·1운동과 제암리사건」. 『한국기독교와 역사』 제7호. 1997. 8.
정병호, 엄인경. 『조선의 미를 찾다 — 아사카와 노리타카의 재조명』. 아연출판부. 2018.

牛口順二. 「梶山季之文学の中の朝鮮」. 『季刊三千里』 第28号. 1981.
梶山季之. 「李朝残影」. 『文藝春秋』. 1963.
梶山季之. 「ソウルよ わが魂」. 『太陽』. 1965. 3.
川村港. 「梶山季之, 「朝鮮小説」の世界」. 『李朝残影—梶山季之朝鮮小説集』. インパクチ出版会. 2002.
柏井園. 「天に叫ぶ血」. 『文明評論』 第6巻 第5号. 1919. 5. 1.
斎藤庫三. 「殺戮の跡—齋藤勇氏, 「或る殺戮事件」を読みて」. 『福音新報』 第1251号. 1919. 6. 15.
斎藤勇. 「或る殺戮事件」. 『福音新報』 第1247号. 1919. 5. 22.
齋藤勇. 「植村正久と. 『或る殺戮事件』」. 『福音と世界』. 1966. 12.

芹川哲世.「日・韓近代文学に現われた3・1独立運動」.『日本の植民地支配の実態と過去の清算―東アジアの平和と共生に向けて』. 風行社. 2010.
高崎隆治.『文学のなかの朝鮮像』. 青弓社. 1982.
中村新太郎.「日本のなかの朝鮮像」.『日本と朝鮮』. 1975. 9.
柳宗悦.「朝鮮の友に贈る書」.『改造』. 1920. 6.
湯浅克衛.『カンナニ』. 講談社. 1946.
湯浅克衛 著. 池田浩士 編.『カンナニ：湯浅克衛植民地小説集』. インパクト出版会. 1995. 3.

5장

김창수.「日愚 姜宇奎 義士의 思想과 抗日義烈鬪爭」.『이화사학연구』 제30권. 2003.
정병호 역.『근대일본과 조선 문학』. 도서출판 역락. 2016.
정병호, 엄인경.『조선의 미를 찾다 — 아사카와 노리타카의 재조명』. 아연출판부. 2018.
정병호.「3·1독립운동에 대한 재조일본인 미디어의 반응과 1919년의 일본어 문학」.『일본연구』 39집. 중앙대일본연구소. 2015.
정병호.「사이토 총독 저격사건과 재조일본인 일본어 문학의 반응」.『일본학보』 104집. 2015

浅川伯教.「李朝陶器の価値及び変遷に就て」.『白樺』. 1922. 9.
新井静波.「騒擾餘聞 妓生の恋物語」.『朝鮮公論』 第7巻 第8号. 1919. 8.
石森胡蝶.「爆弾事件」.『朝鮮公論』 第7巻 第10号. 1919. 10.
釋尾旭邦.「如何に此時局に処せんとするか」.『朝鮮及滿洲』 第142號. 1919. 4a.
釋尾旭邦.「事を好む朝鮮人に與ふ」.『朝鮮及滿洲』 第142號. 1919. 4b.
釋尾旭邦.「朝鮮時局対應策―如何にして帝国の威信を樹つべきか」.『朝鮮及満州』 第148号. 1919. 10.
高崎宗司.『植民地朝鮮の日本人』. 岩波書店. 2002.
東京 松美佐雄「小説 咲く か咲かぬか」.『朝鮮及満州』 第150号. 1919. 12.

飛魚漁朗.「東京通信」.『朝鮮及滿洲』第142號. 1919. 4.
仁田原みどり.「逝く春の夕」.『朝鮮及滿洲』. 1922. 5.
文学博士 城南逸士.「朝鮮統治の実績を裏切る暴徒の蜂起」.『朝鮮及滿洲』第142號. 1919. 4.
某老将軍談.「今後の朝鮮を如何に治むべきか一先づ官民と内鮮人の親和が第一だ」.『朝鮮及滿洲』第144號. 1919. 6.
牧山耕蔵.「朝鮮の騒擾を論ず」.『朝鮮公論』第7巻 第4号. 1919. 4.
山口皐天.「病院に仰臥して」.『朝鮮公論』第8巻 第2号. 1920. 2.
山口皐天.「僚友Tの死」.『朝鮮及満州』第153号. 1920. 3.
山脇玄.「爆彈事件と朝鮮の統治—飽く迄新官制の精神を徹底せしめよ」.『朝鮮公論』第7巻 第10号. 1919. 10.
「朝鮮騒擾事件と官民の所感」.『朝鮮及滿洲』第142號. 1919. 4.
「朝鮮の騒擾と総督政治の改善」.『朝鮮公論』第7巻 第5号. 1919. 5.
「爆彈事變と鮮人の無自覺—統治方針の根本義を味到せよ」.『朝鮮公論』第7巻 第10号. 1919. 10.
「爆彈投擲の一刹那」.『朝鮮公論』第7巻 第10号. 1919. 10.

6장

이지형.「관동대지진과 시마자키 도손(島崎藤村) —『아들에게 보내는 편지』(子に送る手紙)를 중심으로 —」.『일본문화연구』13집. 2005.
정병호, 엄인경.『조선의 미를 찾다 — 아사카와 노리타카의 재조명』. 아연출판부. 2018.
정병호, 최가형 편저.『일본의 재난문학과 문화』. 고려대학교출판문화원. 2018.

秋田雨雀.「骸骨の舞跳」.『演劇新潮』. 1924. 4.
池谷一孝.『日本文学史』. 東京専門学校. 1897.
江口渙.「車中の出来事」.『東京朝日新聞』. 1923. 12. 11-12.
加藤直樹.『九月、東京の路上で』. ころから. 2014.

琴秉洞編.『朝鮮人虐殺に關する知識人の反応１』. 綠蔭書房. 1996.
島崎藤村.「子に送る手紙」.『東京朝日新聞』. 1923. 10.
翠香.「愛の心」.『朝鮮』. 1908. 5. 1.
釈尾旭邦.「韓人教育に就て」.『朝鮮』. 1908. 7.
高崎宗司.『植民地朝鮮の日本人』. 岩波書店. 2002.
David Peace.「惨事のあと、惨事のまえ」.『それでも三月は、また』. 講談社. 2012.
徳田秋声.「ファイヤガン」.『中央公論』. 1923. 11.
中島陽一郎.『関東大震災ーその實相と歴史的意義』. 雄山閣. 1973.
松尾章一.『関東大震災と戒厳令』. 吉川弘文館. 2003.
吉野作造.「朝鮮人虐殺事件に就いて」.『中央公論』. 1923. 11.
渡辺一民.『「他者」としての朝鮮』. 岩波書店. 2003.
「韓國 暴徒問題に就て」.『朝鮮』. 1908. 3.
「狂暴なる不逞團鮮內地に侵入」.『京城日報』. 1920. 6. 24.
NHK情報ネットワーク・NHKソフトウェア 編.『NHK20世紀日本 大災害の記録』. 日本放送出版協会. 2002.

일본문학으로 보는 3·1운동

초판 발행 1쇄 2020년 2월 28일

지은이 정병호

펴낸곳 고려대학교출판문화원
www.kupress.com
kupress@korea.ac.kr
(02841) 서울특별시 성북구 안암로 145
Tel 02-3290-4230, 4232
Fax 02-923-6311
찍은곳 네오프린텍(주)

ISBN 979-11-90205-24-5 93830

값 17,000원